农村劳动者权益保护丛书

如何保障消费者权益

主　编　胡东华
副主编　石　麟

中国财政经济出版社

图书在版编目（CIP）数据

如何保障消费者权益/胡东华主编．—北京：中国财政经济出版社，2011.10

（农村劳动者权益保护丛书）

ISBN 978－7－5095－3169－3

Ⅰ．①如…　Ⅱ．①胡…　Ⅲ．①消费者权益保护法－基本知识－中国　Ⅳ．①D923.8

中国版本图书馆 CIP 数据核字（2011）第 202089 号

责任编辑：陆广德　孙　琛　　　责任校对：杨瑞琦
封面设计：汪俊宇　　　　　　　版式设计：文　通

中国财政经济出版社出版

URL：http：//www.cfeph.cn

E－mail：cfeph@cfeph.cn

社址：北京市海淀区阜成路甲 28 号　邮政编码：100142

发行处电话：88190406　财经书店电话：64033436

北京财经印刷厂印刷　　各地新华书店经销

880×1230 毫米　32 开　7.375 印张　198 000 字

2011 年 9 月第 1 版　2012 年 5 月北京第 4 次印刷

定价：26.00 元

ISBN 978－7－5095－3169－3/D·0159

（图书出现印装问题，本社负责调换）

本社质量投诉电话：010－88190744

目　录

第一章　消费者权益保护法基本意义

农民进城打工、学习、生活，都离不开消费，如何正确消费，合理消费，都离不开法律的保护。因此要清楚了解《中华人民共和国消费者权益保护法》（以下简称《消费者权益保护法》）这部我国关于消费行为的基本法律至关重要。《消费者权益保护法》是维护消费者利益、保护消费者合法权益的基本法律，是国家对基于消费者弱势地位而给予的特别保护，是维护真正的公平交易市场秩序的法律。

一、消费中容易产生冲突的方面

随着近代市场经济发展到现代市场经济，在竞争中产生了垄断、不正当竞争、信息偏在等问题，要求保护消费者权益问题也日益突出。主要表现在以下几个方面：

1. 在科技进步、促销手段不断变化的情况下，人们不可能对科技时代生产的每一种商品的结构、性能、品质等多方面都有明确和深刻的了解，因此，消费者对商品信息知之甚少甚至于存在认识的错误；并且，作为促销手段的各种宣传媒体，也往往向消费者传递不真实的信息，这些都可能导致消费者权益受到侵害。

【案例】拼装电脑充“康柏”，破伪装获赔偿

1997 年 11 月 4 日，消费者包彩霞在内蒙古某公司购买了一台康柏电脑，价格 9000 元，发票写明 166 康柏计算机。1998 年春节期间消费者想在电脑上配置一些功能，用检验盘一试，机上显示出“133”字样。消费者马上打电话询问，公司答复由于工作失误，错把 133 当 166 卖给消费者。并答应给消费者换一台机器，另外补一份中文说明书。1998 年 4 月份，公司工作人员到消费者家给电脑换了一个芯片，讲这就变成“166”了。消费者感觉公司在欺骗她，提出赔偿要求。公司讲，货是从北京一个康柏代理公司进的，绝对没有问题。1998 年 6 月 30 日，消费者带上机器前往康柏公司北京办事处鉴定。鉴定结果是这台电脑主板、软驱、硬盘、外壳、光驱、声卡均非康柏公司原装产品。此电脑外壳上 compaq 标牌为伪造。1998 年 7 月 13 日，消费者来到内蒙古自治区消费者协会投诉。接到投诉后，消协进行了认真细致的调整查了解，依法对该案进行调解。双方并达成协议：（1）退还消费者购机费 9000 元；（2）加倍赔偿 9000 元；（3）由公司承担鉴定费 1140. 80 元。

2. 生产与经营的社会化、专业化，常常使消费者难以靠自己的力量去寻找和追究侵害消费者权益的具体责任者。同时，如果依照一般民事诉讼程序进行诉讼，费时耗力，费用高昂，因此诉讼救济常常使得消费者望而却步。这说明传统民法在这一问题上存在缺陷。

3. 垄断的发展使得格式合同、标准合同条款大量存在，从而使传统的合同自由原则受到破坏，由于消费者在经济上处于弱势地位，所以不得不屈从于经济实力雄厚的各种经营者组织所制订的不利于自己的合同条款。

【案例】

湖南省益阳市消费者匡某将灯芯绒西服一件（价格228元）送至某干洗店干洗，干洗店收取干洗费5元。几天后匡某去取衣时，发现该衣服多处染上黄色，而且衣扣也掉了，绒也倒了，还有几处破损。匡某当即提出赔偿要求，干洗店承认自己对该衣服的损坏负有责任，也同意予以赔偿，不过赔偿要按取衣凭条上的"说明"进行，即：损坏衣服必须赔偿的，金额不得超过洗衣费的10倍。按匡某送洗衣服的价格最多可取得50元的赔偿。匡某当然不同意，双方遂发生争执。于是，匡某就此事向益阳市消费者协会投诉，市消协经过调查后，认定情况属实，并组织双方协商。协商过程中，市消协向干洗店指出取衣凭条上的"说明"违反了《消费者权益保护法》第二十四条的规定，是无效的，不能作为解决本纠纷的依据。后经反复调解，干洗店按匡某购买衣服的原价228元作了赔偿。

点评：本例取衣凭条上的"说明"是典型的格式合同中不公平条款，这类显失公平的格式条款显然违反了《消费者权益保护法》，不具备法律的约束力，但在很多行业都被经营者作为所谓的“行规”拿来推卸自己应承担的责任。因此，有必要提醒广大消费者拿起法律的武器去推翻那些强加在自己头上的不公平的格式合同。

4. 不正当竞争的加剧，使得经营者置诚实信用等商业道德原则于不顾，竞相采用不公平的商业行为或限制性商业行为，在质量、价格、计量、商标等各方面竭尽各种欺诈手段，损害消费者权益。

【案例】

某市一居民小区建成，煤气管道也铺设完毕，居民们高高兴兴地搬进新居，但煤气尚未开通，居民的生活甚为不便。一日，居民们接煤气公司通知，凡小区居民一律前往该公司经营部购买指定的煤气灶具、热水器，若在其他商场购买，公司一律不给通气，不发煤气使用证。居民们按通知购买后，发现该煤气公司出售的煤气灶具比市场上的价格高50元左右，煤气热水器比市场上的价格高100元左右。对此，居民们意见很大，后经律师指点，居民们意识到煤气公司的行为违反了《消费者权益保护法》、《中华人民共和国反不正当竞争法》（以下简称《反不正当竞争法》）的规定，自己作为消费者的合法权益受到了不法侵害，遂愤而向人民法院起诉，请求处理。人民法院审理后认为，煤气公司的行为违反了《消费者权益保护法》第九条的规定，侵犯了消费者的选择权，同时也违反了《反不正当竞争法》第六条的规定，是一种不正当竞争行为。判决煤气公司退还多收的款项，并建议有关行政部门对煤气公司的违法行为进行查处。

点评：本例中，煤气公司利用自己的独特地位，向煤气用户强行推销高出市场价的所谓指定产品，既损害了消费者的利益，又扰乱了正常的市场竞争秩序。在我国，像煤气公司这种做法在电信、电力等一些公用行业还时有出现，有关部门对此应引起足够的重视。同时，作为消费者来讲，也应勇敢地拿起法律武器与经营者的这种违法行为作斗争，以维护自己作为消费者的法定权利不受侵犯。

二、消费者权益保护法的适用对象

1. 消费者为生活消费需要购买、使用商品或者接受服务的，适用消费者权益保护法。通俗解释就是日常生活中的锅碗瓢盆，柴米油盐等。消费者，是指为个人生活消费需要购买、使用商品和接受服务的自然人。国际标准化组织消费者政策委员会将消费者定义为“为了个人目的购买或者使用商品和接受服务的个体社会成员”。因为，分散的、单个的自然人，在市场中处于弱者地位，需要法律的特殊保护。所以，从事消费活动的社会组织、企事业单位不属于消费者保护法意义上的“消费者”。

2. 农民购买、使用直接用于农业生产的生产资料时，参照消费者保护法执行。例如购买农具、种子、化肥的时候。消费者权益保护法的宗旨在于保护作为经营者对立面的特殊群体——消费者的合法权益。农民购买直接用于农业生产的生产资料，虽然不是为个人生活消费，但是作为经营者的相对方，其弱者地位是不言而喻的。所以，《消费者权益保护法》第五十四条将农民购买、使用直接用于农业生产的生产资料行为纳入该法的保护范围。

【案例】劣质农药造成棉农损失，生产者和销售者负连带赔偿责任

1992年3月7日，四川省广汉市农业供销总公司与湖北省武汉市汉南化工总厂签订了购销三氯杀螨醇乳油2万瓶的合同。同年3月19日，武汉市汉南化工总厂将货如数发给广汉市农业供销总公司，但没有提交该批农药的化验报告和产品合格证书。广汉市农业供销总公司收货后，在没有进行质量检验的情况下，便销售给中江县农业生产资料总公司1万瓶，销售给中江县冯店镇农业技术服务站400瓶。中江县仓山镇、广福镇、冯店镇有6132户棉农购买施洒此种农药后，致使棉花生长受到抑制，叶片严重皱缩、扭曲，呈鸡爪状，蕾、铃大量脱落，近万亩棉田经济损失达200余万元。同年8月24日，四川省植保站农药检验所对该批农药抽样检验，并经国家农业质量监督检验中心、农业部农药鉴定所检验，查明该批农药含有2.4—D酸。武汉市汉南化工总厂和广汉市农业供销总公司知道检验结果后，没有向中江县农业生产资料公司、中江县冯店镇农技服务站和广大棉农通报情况。同年9月，武汉市汉南化工总厂和广汉市农业供销总公司派人前往中江县察看棉花受害情况后，与中江县有关部门达成补偿协议：由武汉市汉南化工总厂赔偿棉农损失1.5万元，免收农药货款1.8万元。广大棉农对此处理结果不同意。同年9月27日，6132户棉农向中江县人民法院起诉，要求4家生产、销售该批农药的单位赔偿经济损失234万元。到1994年年底，法院认为，武汉市汉南化工总厂生产的该批农药，不符合国家规定的产品技术规范，投入市场后，对棉农造成巨大损失，应承担主要责任。该厂与中江县有关部门达成的补偿协议，是在广大棉农不知道该种农药对植物具有危害的情况下达成的，具有欺诈性，应认定为无效。广汉市农业供销总公司、中江县农业生产资料总公司、冯店镇农业技术服务站等三家单位亦有过错，应承担相应责任。法院最后判决4家被告赔偿棉农损失共计180万元。

3. 经营者为消费者提供其生产、销售的商品或者提供服务，适用《消费者权益保护法》。《消费者权益保护法》以保护消费者利益为核心，在处理经营者与消费者的关系时，经营者首先应当遵守该法的有关规定；该法未作规定的，应当遵守其他有关法律、行政法规的规定。如果农民进城开办小商铺，或者经营其他项目，也需要详细了解《消费者权益保护法》，维护自己的合法利益。

三、消费者权益保护法具有什么样的作用

1. 保护了消费者的合法权益。通过《消费者权益保护法》的颁布，明确了消费者的权利，确立和加强了保护消费者权益的法律基础，弥补了原有法律、法规在保障消费者权益方面调整作用不全的缺陷。我国现有法律、法规中有不少内容涉及保护消费者权益，如《民法通则》、《产品质量法》、《食品卫生法》等，但是对于因提供和接受服务而发生的消费者权益受损害的问题，只有在《消费者权益保护法》中做出了全面而明确的规定。

2. 维护社会经济秩序。《消费者权益保护法》通过规范经营者应对维护消费者权益承担何种义务，特别是着重规范经营者与消费者的交易行为，即必须遵循自愿、平等、公平、诚实信用的原则，从而也对社会经济秩序产生重要的维护作用。我们可以了解农民在进行消费的时候要承担什么责任，需要做到什么事情；可以拒绝不合理的行为。

3. 促进社会主义市场经济健康发展。保护消费者权益不是消费者个人之事，当代社会的生产和消费的关系密不可分，结构合理、健康发展的消费无疑会促进生产的均衡发展。没有消费，也就没有市场。保护消费者权益成为贯彻消费政策的重要内容，因此有利于社会主义市场经济的健康发展。

四、消费者权益保护法总则

第一条　立法宗旨　为保护消费者的合法权益，维护社会经济秩序，促进社会主义市场经济健康发展，制定本法。

第二条　本法调整对象——消费者　消费者为生活消费需要购买、使用商品或者接受服务，其权益受本法保护；本法未作规定的，受其他有关法律、法规保护。

第三条　本法调整对象——经营者　经营者为消费者提供其生产、销售的商品或者提供服务，应当遵守本法；本法未作出规定的，应当遵守其他有关法律、法规。

第四条　公平遵循原则　经营者与消费者进行交易，

应当遵循自愿、平等、公平、诚实信用的原则。

第五条　国家的义务　国家保护消费者的合法权益不受侵害。国家采取措施，保障消费者依法行使权利，维护消费者的合法权益。

第六条　社会的责任　保护消费者的合法权益是全社会的共同责任。国家鼓励、支持一切组织和个人对损害消费者合法权益的行为进行社会监督。大众传播媒介应当做好维护消费者合法权益的宣传，对损害消费者合法权益的行为进行舆论监督。

五、保护消费者的补充法律

由于《消费者权益保护法》作为一部维护消费者合法权益的基本法律，对消费者权益保护有关的基本原则和重要问题作了规范，但缺乏相应的实施细则，所以我国出台了配套规章制度增强《消费者权益保护法》可操作性。

1996 年，国家工商行政管理局先后有针对性地制定了《欺诈消费者行为处罚办法》、《工商行政管理机关受理消费者申诉暂行办法》、《工商行政管理所处理消费者申诉实施办法》等 3 个部门规章，对欺诈消费者行为的认定和行政责任作了规定，并确立了举证责任倒置制度，为欺诈行为的认定提供了依据。此外，国家工商行政管理局还相继颁布了《关于禁止仿冒知名商品特有的名称、包装、装潢的不正当竞争行为的若干规定》、《关于禁止有奖销售活动中不正当竞争行为的若干规定》、《租赁柜台经营活动管理办法》、《商品展销会管理办法》等，对规范经营者行为、保护消费者合法权益等作出了规定。《消费者权益保护法》

颁布实施以来，各地方人大常委会也结合当地实际，进行消费者权益保护地方性法规和配套规章的草拟、制定和修订工作。这些地方性法规、规章对《消费者权益保护法》执行中的难点问题和新出现的消费侵权行为等，进行了调整，大大增强了《消费者权益保护法》的可操作性。

中国消费者协会近年投诉统计分析显示，一些涉及新兴消费品和服务领域如电脑、汽车、手机、医疗、电信、房地产、公用事业、洗衣业等的投诉，开始成为新的投诉热点。针对新问题，《中华人民共和国产品质量法》等一批法律及时作了修订，《中华人民共和国物权法》、《中华人民共和国反垄断法》、《医疗事故处理条例》、《中华人民共和国食品安全法》等一批新的法律、法规陆续推出，使得我国消费者保护法律法规体系越来越完善。

第二章　农民在消费时享有的权利

消费者权利也称消费者权益，是消费主体的权利和利益的合称。消费者利益由多种利益因素构成，主要包括物质经济利益、精神文化利益、安全健康利益、时效利益、环境利益等。消费者的合法权益，指的是消费者所享有的，由法律、法规确认，受法律、法规保护的权利。消费者的权利是保护消费者的权益的核心问题，农民在消费的时候，如果不明了自己究竟应当享有什么权利，在实际生活中，就无法维护自己的权利。所以，作为一个消费者，首先要明白的就是自己享有那些权利，这是保护自己合法权益的基本前提，消费者只有享有法律意义上的权利，才能理直气壮地请求国家予以保护。因此，消费者权利是切实维护消费者权益的重要组成部分。

一、农民消费者的权利为什么容易受到损害

《消费者权益保护法》是基于消费者的弱势地位而给予的特别保护，是由于消费者的弱势性而决定的。消费者

的弱势性，是指消费者为满足生活消费需要在购买、使用经营者所提供的商品或服务的过程中，因缺乏有关知识、信息以及人格缺陷、受控制等因素，导致安全权、知情权、自主权、公平交易权、受偿权、受尊重权、监督权在一定程度上被剥夺造成消费者权益的损害。那么是什么决定了消费的弱势地位呢?

1. 农民消费者的弱势地位与经营者的强势地位比较。

第一，消费者与经营者的交易是一种非专业对专业，非知情人与知情人的关系。经营者通晓商品的技术性、了解市场行情、掌握顾客心理、具有一定的销售技巧，可以说知己知彼；而农民消费者却缺乏购买商品或接受服务的相关知识，所接受的消费信息大多是经过加工的、有促销和诱导作用。消费者难免不被经营者所操纵，并与之建立非公平的交易契约。加之，商品与服务技术含量的提高，会增加经营者的强势地位与农民消费者的弱势地位，即强势更强、弱势更弱。

第二，现代市场经济简化商品交换程序，加速流通速度的客观要求，使消费合同具有了定式合同或者附从合同的特征。合同是当事人之间的协议这一传统合同理论，对于农民消费者来说，已不够真实。有关商品和服务的交易条件是由经营者事先规定的，农民消费者完全是处于单纯地表示接受合同内容的被动地位，无讨价还价、参与合同内容形成的自由，合同双方当事人的平等地位缺乏实质性保障。农民消费者与经营者的交易是个人对组织的关系，在市场交易活动中，农民消费者多是单个的自然人，经营者多是有组织的法人，交易双方地位不均等，特别是面对集团化的大型垄断企业，农民消费者往往被迫接受垄断高价。生产经营的集团化、跨国化在形成企业大型化的同时也在不断的增强经营者的强势地位，加剧着农民消费者的弱势地位。

第三，经营者利己行为严重。现代市场经济中不正当竞争的加剧，使得有些商品供给者视损害农民消费者利益为获取利润的途径之一，他们置诚实信用等商业道德原则于不顾，竞相采取不公平的商业行为或限制性商业行为，在质量、价格、计量、商标等各个方面竭尽各种欺诈手段，坑害农民消费者，其结果仍然是农民消费者遭受损害。

第四，农民消费者与经营者的实力地位是非均等的。经营者经济实力雄厚，而作为个体的农民消费者则受其财务收入水平的硬约束。他必须在效用最大化与交易费用最小化之间做出选择。无论是交易前的信息收集，还是权益受损后的索赔对农民消费者来说都不经济，他为此付出的交易费用都实际增加了消费的支出。因此农民消费者通常是选择牺牲少量效用，换取交易费用最小化。简单来说就是用便宜的价格买功能稍微受到损害的产品来使用。

2. 低质量的消费结构，必然决定了市场交易中农民消费者的弱势性。

第一，低质消费者的需求必然是一种数量型需求，农民消费者本身缺乏对商品的质量要求。对农民消费者来讲“不求好、只求有，不求精、只求多”，中国粗放式生产经营的需求原因正源于此。

第二，低质消费者的购买选择权受到很大限制。由于经济状况决定的消费结构、使农民消费者的需求被限定在最狭窄的商品可选择的范围内，被压缩到最低数额限量，农民消费者自然难有选择。而自主选择权是消费者权利的重要内容之一，也是消费者增强谈判实力，抗衡经营者权利的重要内容手段之一。放弃或丧失了选择权的消费者注定处在被动、不利地位，弱势性也就在所难免了。

第三，低质消费中，价格便宜往往成了农民消费者购买此商品的相对主要依据。

3. 传统文化对消费者弱势性的影响。传统文化对农民消费者弱势性的形成是一种潜意识的影响，主要造成消费者心理和人格上的缺陷，在面对经营者的市场交易中自感“矮人三分”，处于弱势地位。

因此，消费者权益保护法在制定过程中加大了对消费者权利的保护，加重了经营者的义务负担。

二、农民消费者的安全保障权

《中华人民共和国消费者权益保护法》第七条：消费者在购买、使用商品和接受服务时享有人身、财产安全不受损害的权利。消费者有权要求经营者提供的商品和服务，符合保障人身、财产安全的要求。

消费者安全保障权是指消费者在购买、使用商品和接受服务时享有人身、财产安全不受损害的权利。包括两方面：

1. 人身安全权。所谓人身安全权，是指消费者的生命、健康以及人格尊严等不受威胁、不受侵害的安全权。对农民消费者来说，在进行消费活动时，首先考虑的便是商品和服务的安全、卫生因素。如果这方面存在问题，轻则使农民消费者产生某种急病，或者身体某一部位受到伤害；重则造成生命危险，导致死亡。因此，商品和服务是否符合人体健康和人身安全的要求，是农民消费者最为关心的问题。主要包括生命安全权和健康安全权：①消费者的生命安全权，即消费者的生活不受危害的权利，如因仪器有毒而致使消费者残废，即侵犯了消费者的生命权；②消费者的健康安全权，即消费者的身体健康善不受损害的权利，如食物不卫生而致使消费者中毒或因电器爆炸致使消费者残废等均属侵犯消费者健康安全权。

2. 财产安全权。所谓财产安全权，是指消费者的财产不受损失的权利。财产安全权受到威胁、损害时，财产损失大多表现为财物在外观上发生损毁，有时则表现为价值的减少。消费者的财产安全权并不仅仅是指农民消费者购买、使用的商品或接受的服务的安全，更重要的是，它是指除了购买、使用的商品或接受的服务以外的其他财产的安全，只要是在购买、使用商品或接受服务的过程中发生的，农民消费者就有权利要求赔偿。

三、实际生活中农民需要注意的侵犯安全权的现象

1. 农民消费者需要注意商品的安全

（1）食品安全。近几年在食品安全方面发生的毒大

米、进口奶粉被污染和亚硝酸盐超标、陈馅月饼、瘦肉精、豆奶中毒、结核奶、金华火腿添加敌敌畏、毛发酱油、农药残留超标的蔬菜以及食品未标注转基因标识，使消费者的安全权受到极大侵害。2003 年全国消协系统共受理食品方面投诉 60740 件，其中涉及食品安全的有 1621 件，比 2002 年增长 24.1%。主要问题表现在：

一是人身伤害事件时有发生。自 1999 年 6 月国家开始强制推广“B”字瓶以来，啤酒瓶爆炸的投诉有所减少，但并未间断，2003 年依然扮演夏季第一“杀手”的角色。

【案例 1】浙江省洞山县一名 6 岁的小女孩，两手拿着啤酒正欲放入冰箱，突然爆炸的酒瓶碎片炸伤了小女孩的肚子，当时脂肪被钩出，惨不忍睹。

【案例 2】2008 年 7 月 27 日某企业从宜兴市丁蜀镇某经营部购进某品牌啤酒 175 箱，用于职工福利。8 月 8 日上午，该企业职工余某、刘某夫妻在将啤酒搬回家的过程中，其中一箱的 5 瓶啤酒同时自爆，造成余某双脚受伤，共缝 13 针；刘某左手受伤，缝了 4 针。宜兴工商局 12315 消费者申诉举报受理中心接到投诉后，执法人员立即赶赴事故发生现场调查，发现该批啤酒瓶属于“B ”字瓶（啤酒专用瓶），但部分“B ”字瓶已超过使用年限，甚至有的已“超期服役”三年。受理中心直接通知生产商并主持双方调解，使余某获得了包括商品损失、医疗费、误工费、营养费计 4100 元的赔偿，有效地保护了消费者的合法权益。

点评：人身与财产安全是消费者最根本、最直接的利益所在，是消费最基本的权利。这一权利的实现，必须要求生产经营者提供的商品和服务具有可靠的安全性能。本案中生产者所提供的瓶装啤酒“B”字瓶不符合保障人身和财产安全的标准，引起自爆而侵害了消费者余某的人身和健康安全权，理应赔偿。

二是食品中夹有异物。消费者反映：吃蜜饯吃出铁丝，吃饼干吃出棉线。消费者杨女士在吃了某超市出售的烤鸭后，在刷牙时发现牙齿上附有黑色沥青状物质，经卫生防疫站鉴定，该黑色物质是残存在烤鸭体内的松香，对人体危害极大。

三是经营者擅自更改食品保质期。最常见的是有些袋装食品既没有标注保质期，也没有标注具体的生产日期；有的只标注保质期，却不标注生产日期；有的则在包装上写着生产日期见某处，但遍寻包装却难见踪影。如湖北省孝感市某商场竟然将一批已过保质期18个月的某牌银红茶更改保质期，用新标签覆盖老标签，继续出售。

（2）儿童食品、用品安全隐患多。儿童是祖国的未来，其健康成长直接关系到国家和民族的前途和命运。儿童尚无民事行为能力，对儿童消费群体需要重点加以保护。但一些经营儿童食品和用品的厂家只注重利润，忽视质量和安全。2003年全国共受理儿童消费用品有关安全的投诉308件，比2002年增长了62.9%。其表现为：儿童奶粉质量不达标，造成了饮用的儿童高度营养不良；吃果冻竟然被噎死；生产厂家为吸引儿童，将儿童玩具放在食品中，不仅造成二次污染，还易造成儿童误将玩具吞食；童车因设计上存在缺陷，造成儿童手指夹伤、骨折；儿童内衣甲醛含量超标；玩具的填充物不洁等问题。

（3）劣质家电漏电、自燃、自爆。家用电器已作为一般商品进入寻常百姓家，其生产发展日渐成熟，市场竞争越来越激烈。有些生产厂家为了追求利润的最大化，不是从质量上下功夫，而是一味追求低成本，偷工减料，致使有些电热水器绝缘性能不合格；家电产品在安装时不规范或连接插座用的线材质量不可靠，埋下不安全隐患。消费者投诉家用电器自燃、自爆、漏电和漏气造成人身伤害或财产损失的投诉有所上升。2003 年全国消协共受理家电类有关安全的投诉 1574 件，比 2002 年增长了 23.5%。如陕西一位消费者投诉，他结婚时在某商店买了一台 25 寸彩色电视机，外出打工时，家中突然失火。经消防部门鉴定，此火灾系电视机自燃造成。

【案例】“贴身暖”炸伤右脚，调解获赔 3000 元

2007 年 11 月 23 日，嘉善消费者黄小姐在为新购买的某品牌贮水式“贴身暖”充电 5 分钟时，看到“贴身暖”发生膨胀的情况，立即上前拔除电源，“贴身暖”突然发生爆炸，黄小姐右大腿膝盖以下至脚板部位被热水严重烫伤，经医院诊断：烫伤面积达Ⅱ度，花去医药费 500 余元。黄小姐在与商家协商赔偿未果后向嘉善消费者协会投诉，要求经销商承担医疗费、误工费、精神损害赔偿费等费用 10000 元。

嘉善消协工作人员到现场了解情况后及时召集消费者和经销商进行调解。经销商认为该暖袋是浙江余姚一家电器厂生产的，暖袋发生爆炸应由厂家承担赔偿责任。消协认为，根据谁销售谁负责的原则，消费者在使用商品的过程中造成的损失应先由经营者承担第一赔偿责任，然后由经营者向生产者追偿。最后双方达成协议，由经营者赔偿消费者医药费等费用总计 3000 元。

链接：根据《中华人民共和国消费者权益保护法》第七条规定：消费者在购买、使用商品和接受服务时享有人身、财产安全不受损害的权利。第十一条规定：消费者因购买、使用商品或者接受服务受到人身、财产损害的，享有依法获得赔偿的权利。

（4）汽车安全问题频频发生。汽车作为高技术含量的消费品，其质量和车内装饰材料挥发出的有害气体，理应符合保证人身安全的标准。但投诉却反映出，由于个别产品质量不过关，内饰材料选用不当，已成为新的隐形“杀手”。2003 年全国消协受理汽车安全的投诉 143 件，比 2002 年增长了 33.6%。主要表现：

一是汽车质量问题凸显，导致安全问题突出。浙江一消费者投诉花 43000 元购买的某品牌微型面包车，停放在某村公路旁突然自行起火，等消防车赶到现场时，车子已全部烧毁，经调查面包车自焚的原因确属质量问题造成的。北京市一位消费者投诉反映，新买的汽车从购车地点提车后行驶不到 20 分钟，离合器就失灵，险些造成事故。

二是车内有害气体超标成为新的威胁。因汽车内座椅、棚顶等处用的胶水、纺织品、塑料配件等各种装饰材料挥发出来的甲醛、苯等有害气体，导致消费者人身伤害的投诉，成为新的投诉热点和难点。

【案例】坐车被颠腰骨折，悉心调解终获赔

2009 年 8 月 29 日，消费者周女士坐在儿子驾驶的购买了才两天的某电动车有限公司生产的电动车后座出门办事。在行使过程中为了避让行人和车辆，周女士的儿子采取了急刹车，可车却没有停住。由于事发突然加上路面不平，后座上的周女士被重重地颠了一下，当即疼痛难忍、无法动弹。后经医院诊断是腰椎骨折，为此花去医药费千余元并不得不在家卧床休养了一个多月。在与厂家交涉未果下，求助消保委。接诉后，消保委即与双方联系进行协调。

消费者称：出事后就把电动车送到该公司的维修部检查了，当时维修工说是电路有问题，才造成刹不住车的。自己也向总厂咨询了，对方称任何一辆电动车只要用单刹把就应刹住，而并不像上海公司所称应双手同时用刹把才能刹住车。因此，消费者认为电动车的制动系统存在质量问题，要求该公司给予退货并赔偿医药费、误工费等损失。

电动车公司则称：不是电动车质量问题造成的，消费者的驾驶技术和车辆超重等原因都有可能引起事故。在没有进行权威检测的前提下，公司出于同情同意退货及人道补偿。但对于消费者提出的赔偿医药费、误工费等损失，公司无法接受。

消费者保护委员会指出：从消费者提供的录像可以看出电动车在采取制动以后确实还有走动的情况。因此，虽然只有权威的检测才能证明电动车是否存在质量问题，但是作为一家全国知名企业也应从实际出发、充分考虑到消费者的感受。最终，双方达成协议，电动车按发票价退货并由该公司补偿消费者医药费1300元。

虽然在消费者保护委员会的悉心调解下投诉得到圆满解决，但是通过此案也要提醒消费者：电动车的轻便、时尚确实方便了人们的出行，但因电动车带人、超速行使、行使到机动车道上等现象造成的交通事故频发，留下了惨痛教训。而国家规定电动车限载是出于对市民安全的考虑，载人如果超过了车的负荷量，会影响到车的制动性能，容易发生交通事故。无论如何，还是安全第一。

2. 农民消费者需要注意服务安全

在接受服务时，经营者提供的服务设施应具有相应的保护措施，并能够保障消费者人身健康和生命安全。2003年全国消协共受理娱乐、食宿、美容院和商场、超市等服务场所有关安全的投诉 3358 件，比 2002 年增长了 26.3%。其不安全因素有：

（1）服务设施安全无保障。服务设施不完善，质量有问题，设计存在缺陷，工作人员责任心不强等，是导致不安全的主要因素。2003 年受理食宿、文化娱乐不安全的投诉 1496 件，比 2002 年增长 8.6%。主要表现是商场、超市的电梯或暴露在地面的电缆伤人；旅店或宾馆没有提供贵重物品保管设施，客房无防盗装置，导致消费者住店财物被盗；娱乐场所设备不安全，给消费者造成人身伤害。

【案例 1】 姚先生等 8 名消费者，相约到某体育健身中心游泳，结果更衣室储衣柜被撬，柜中 8 部手机和 4000 余元现金失窃；浙江金华一名 9 岁男孩到游泳馆游泳，因工作人员失职，对馆内情况监控不力，致男孩溺水死亡。经消协调解游泳馆一次赔偿家属 13 万元。

【案例 2】 宋女士到小区附近的一家游泳馆游泳，可是当她游完泳出来的时候再打开衣柜，却发现里面的所有物品不翼而飞了。丢失的物品中包括一把汽车钥匙，一串家里的钥匙，一部价值2000多元的手机以及现金2000多元，总的价值在8000元左右。宋女士马上拨打110报警。警察过来后，仔细检查了整个衣柜区域发现并无异常，然而，在尝试用宋女士所使用的衣柜钥匙去开其他锁时，却发现一把钥匙能开好几把锁。这充分表明该游泳馆存在严重安全隐患。但由于没有录像，最终也没能确定财物的丢失到底系何人所为，是由其他游泳的客户用自己的钥匙打开了宋女士存放财物的衣柜，并拿走了财物，还是游泳馆的内部人员取走了宋女士的财物，均不得而知。宋女士表示，这个游泳馆的收费并不便宜，却存在这样的安全缺陷，实在是不应该。因此，当游泳馆只赔偿了价值4000元的卡时，宋女士觉得很不满意，遂投诉到了消保委。最后经消保委协调，游泳馆赔偿了价值5200元的卡。消费者表示接受。

点评：《消费者权益保护法》第七条规定：消费者在购买、使用商品和接受服务时享有人身、财产安全不受损害的权利。第十一条规定：消费者因购买、使用商品或者接受服务受到人身、财产损害的，享有依法获得赔偿的权利。

消保委提醒广大消费者，凡是到公共场所存放物品时，一定注意贵重物品随身携带，而不要轻易存放。

【案例3】

2009年4月5日，海林市石东村的张女士和朋友到海林市某火锅店就餐。该店内结构是分上下两层楼，张女士和朋友就餐的位置在二楼，就餐结束张女士在下楼时，因楼梯很陡，怕摔的张女士就顺手扶了一下楼梯旁边的墙壁，接着张女士尖叫了一声把手缩回来，这时手上一划了一道又长又深的口子，正在往外流血。原来，在下楼梯口旁边的墙上方挂了一幅壁画，包壁画的边框是铝合金板材，张女士的手碰巧就按在壁画的角上给划伤，当时流血不止。张女士在朋友的帮助下没敢耽误，立即送往医院救治，手被缝合了50多针。过后，她找到饭店老板要求赔偿1万元，店老板只同意赔偿2000多元，在协商不成的情况下张女士来到消协投诉，要求饭店给自己造成的伤害给予赔偿。

消协人员来到饭店察看了现场，看见在下楼梯口的墙上方确实挂了一幅壁画，画框是由铝合金板材制作的，其中下方的一个角裸露在外，没做任何的安全防范。因这个楼道是消费者上下楼的必经之路，且楼梯又陡，在消费者下楼时出于安全的本能也会顺手扶一下墙壁，而这幅壁画恰巧就挂在手扶的范围之内，也就给上下楼的消费者带来了不安全的隐患。服务员和店老板都承认了张女士手被划伤的事实。店老板非常诚恳的承认了自己在装修设计上疏忽了，给消费者带来了伤害，只是在赔偿的金额上认为张女士要的过高。经消协工作人员的调解，最终达成协议，店老板同意赔偿张女士7500元，并当面向张女士表示歉意。张女士对这个调解结果也表示非常的满意。

【案例4】超市厕所地面有积水，消费者滑倒骨折得补偿

消费者章先生诉称：其夫妇于1月6日到超市购物。其老伴因厕所地上积了一滩水，脚下一滑，摔倒在地。后来一位超市工作人员将她扶起来，并叫清洁工把水拖干。

当时老人检查了一下，发现没太肿，就直接回家了。但回家后，老伴仍旧觉得较痛，就乘出租车到中山医院看急诊骨科，诊断结论是“左胫肋骨下断骨折”。1月9日，章先生前往超市交涉，客服负责人表示因超过24小时，不给予处理。章先生要求消费者保护委员会协调解决。

消费者保护委员会在接到该起投诉后，就认真翻阅了相关法律、法规、规章。《中国人民共和国消费者权益保护法》第七条规定：消费者在购买、使用商品和接受服务时享有人身、财产安全不受损害的权利。第十八条规定：经营者应当保证其提供的商品或者服务符合保障人身、财产安全的要求。对可能危及人身、财产安全的商品和服务，应及时向消费者作出真实的说明和明确的警示，并说明和标明正确使用商品和接受服务的方法以及防止危害发生的方法。第四十一条规定：经营者提供商品或者服务，造成消费者或者其他受害人人身伤害的，应当支付医疗费、治疗期间的护理费、因误工减少的收入等费用，造成残疾的，还应当支付残疾者生活自助具费、生活补助费、残疾赔偿金以及由其抚养人所必需的生活费等费用；构成犯罪的，依法追究刑事责任。

本案中，消费者的爱人在超市内上厕所，因厕所有积水而不慎滑倒。超市表示：公司已投保，若消费者第一时间通知超市相关工作人员，可由工作人员陪同消费者前去医院就诊，等检查结果出来后再作进一步赔偿处理。消费者保护委员会认为，虽说消费者的爱人在超市厕所内滑倒，没有立刻通知超市工作人员处理，而是到两天后才找客服反映此事。但超市确有责任保障消费环境的安全，并向消费者作出明确的警示，以提示消费者。譬如：放块警示标志等等。经多次协调，超市最终同意补偿。

消费者保护委员会提示：若消费者在购物时，由于安全隐患造成消费者人身伤害，应第一时间与商家或厂家联系交涉。以免耽误受理时效，使消费者的正当权益受损。

(2) 劣质美容侵害消费者身心健康。隆胸、拉双眼皮和吸脂等美容项目属于医疗美容，只有取得医疗机构执业许可证后才能经营。但一些不具备医疗美容资格的美容院，在广告中宣传“无痛美容”、“不需手术”来误导消费者。使一些女士在隆胸、吸脂等手术中，美容不成却毁容，造成心理和生理双重痛苦。

【案例 1】 辽宁齐女士看了某美容院“无痛、无疤、只开一个小口，缝一针即可，吸完就走，绝对安全”的广告后，向美容院交了四千多元，想通过吸脂让自己变得苗条美丽。但事与愿违，等到拆线时她发现腰部大面积溃烂，血肉模糊，差点性命不保。经过医院治疗，现在留给齐女士的是累累伤痕，腹部凹凸不平，腰两侧严重不对称，左侧腰部少了一块皮肉。面对这种残酷的现实，齐女士将美容院告到法院。

【案例 2】 无证理发店，染发出问题。消费者张先生于3月12日来到松江消保委投诉，诉称其于今年3月10日下午到一家理发店焗油染发，染发后刚开始没发现有什么异样，至次日上午出现头皮发痒、起泡、头胀、眼睛难以睁开等症状，并于3月11日下午去找理发店交涉，但经营者置之不理，无奈之下该消费者只身一人去松江中心医院诊断治疗，医生告知属于焗油染发造成的过敏，治疗花去医药费200多元。12日上午，消费者拿了医院的诊断单，请求区消保委主持公道，要求赔偿医药费、误工费、交通费等1000多元。

消费者保护委员会受理后即展开调查。经查，该理发店属一残疾人开设的无照无证理发店，既无劳动部门颁发的《非正规就业劳动组织》证书，也无技术资格证书。考虑到这一因素，消保委把这一投诉件移交给工商所处理。该所考虑到消费者的实际损害和经营者系残疾人的实际情况，依据《消费者权益保护法》和《上海市消费者权益保护条列》的相关规定，耐心细致地做双方工作，最后双方均作出让步，由经营者一次性赔偿给消费者人民币400元，并对经营者给予了批评教育。

点评：残疾人自谋生路，本无可非议，但残疾人在自谋出路时也要合法经营。国家鼓励残疾人就业，并对残疾人给予了许多优惠政策。作为残疾人，既要自食其力，又要遵守国家的有关法律法规的规定，绝对不能利用自己残疾人的“特殊”身份搞特殊，也要办理好各种证照，自觉合法经营，这是其一。其二，提供的商品必须符合《产品质量法》等法律法规的要求，必须保障消费者人身健康和安全。《消费者权益保护法》、《上海市消费者权益保护条列》第七条均规定了“消费者在购买、使用和接受服务时享有人身和财产安全不受损害的权利”；同时在第十八条、第十七条也规定了“经营者应当保证其提供的商品或者服务符合保障人身、财产安全的要求。……”。而该经营者提供的焗油产品引起对消费者的头部损害，显然该产品存在着瑕疵，影响了消费者安全与健康。其三，作为消费者在消费过程中，要充分运用法律赋予给消费者的知情权，了解焗油产品产地、等级、使用注意事项等，更不要到无照无证的小理发店消费，避免自己遭受侵害。

（3）餐饮不洁造成食物中毒。广州的黄小姐在某酒楼吃饭时，因咬到硬物致使一个牙齿破裂；云南李先生等3名消费者在某酒店食用野生菌后，三人不同程度出现头晕、恶心、胃腹疼痛、四肢无力等症状，医院诊断为食用野生菌中毒。经消委会调解，酒店赔偿3名消费者医疗费一万多元。

导致消费者投诉增多的主要原因有：经营者法制观念淡薄，唯利是图，无视消费者的安全权；制售伪劣产品和提供劣质服务付出的成本远远低于其获利数额，诱使其铤而走险；有些商品或服务缺乏安全标准或标准滞后，也给不法经营者以可乘之机；有关部门监管不到位，打假治劣力度尚不足以造成震慑。

四、农民消费者在生活中实现安全权时需要注意的方面

第一，在购买、使用家用电器、家用机械、燃气以及燃气用具、日用百货、文化用品、儿童玩具等生活消费品时，有权要求这些产品的质量能够有安全性，或者有安全性保障措施，不存在缺陷而使消费者受到损害。

第二，在购买、使用食品、药品、化妆品时，有权要求商品符合国家规定的安全、卫生标准。

第三，在接受服务时，有权要求相关的服务设施、服务用具用品、服务环境、服务活动以及服务中所提供商品符合安全、卫生的要求，不致使消费者遭受到人身伤害或

财产损失的威胁。

【链接】 农民消费者在购买商品的时候需要熟悉的国家标准有哪些?

1. 产品标准:是国家对产品的结构、规格、质量、检验方法所作的技术规定,是判定产品是否合格的最主要依据之一。按照《标准化法》规定划分为国家标准(GB)、行业标准(HB)、地方标准(DB)、企业标准(QB)四级。

2. 强制性标准:《标准化法》将GB和HB分为强制性标准和推荐标准。规定凡保障人体健康、人身和财产安全的标准以及法律、法规规定强制执行的标准是强制标准。必须执行。

3. 保障消费者安全权标准的适用:

(1)商品和服务有国家标准、行业标准的,必须符合标准。《标准化法实施条例》第18条规定,下列标准必须执行:①药品标准、食品卫生标准、兽药标准;②产品及产品生产、储运和使用中的安全、卫生标准、劳动安全标准、运输安全标准;③工程建设质量、安全、卫生标准及国家需要控制的其他工程建设标准;④环境保护的污染物排放标准、环境质量标准;⑤重要通用技术语、符号、代号和制图方法;⑥通用的试验、检验方法标准;⑦互换配合标准;⑧国家需要控制的重要产品质量标准。

(2)商品和服务没有GB、HB的,必须符合社会普通工人的安全、卫生要求,消费者有权要求经营者保证购买、使用该商品或接受该服务时,不具有危害人身、财产安全的因素。

五、农民消费者的知悉真情权

《消费者权益保护法》第八条：消费者享有知悉其购买、使用的商品或者接受的服务的真实情况的权利。消费者有权根据商品或者服务的不同情况，要求经营者提供商品的价格、产地、生产者、用途、性能、规格、等级、主要成分、生产日期、有效期限、检验合格证明、使用方法说明书、售后服务，或者服务的内容、规格、费用等有关情况。

具体到实际生活中，消费者知悉真情权的内容大致分为以下三个方面：

1. 关于商品或者服务的基本情况，包括商品名称、商标、产地、生产者名称、生产日期等。

对于某些商品来说，其生产地是很重要的。

例如，如果你购买中药材当然希望要那些地道的商品，这就不能不注意产地，其他商品也是如此。此外对于生产者的名称也要注意，特别是名牌产品其厂家往往也是固定的。另外，如果商品上未注明厂家名称，一旦发生质量问题就难以向厂家索赔。

2. 有关技术状况的表示，包括商品用途、性能、规格、等级、所含成分、有效期限、使用说明书、检验合格证书等。

购买商品是为了使用，了解商品的用途和性能是非常重要的。特别是有些商品如果使用不当可能会给消费者的人身健康和安全带来危害，例如某些电器产品、煤气燃烧器等。了解该商品的用途、性能可以通过多种途径，如销售者当面演示，索取说明书、线路图，甚至有些商品可以自己操作试用。对于某些特殊商品，如药品，仅从说明书上还不能完全了解它的用途、性能，还要遵照医生的嘱咐或者根据医生的指示来了解该商品。

3. 有关销售状况，包括售后服务、价格等。

商品或服务的价格是商品或服务交易的关键之所在，直接关系到生产经营者与消费者的切身利益，消费者应当对价格有确切的了解，尤其是对提供的服务的价格。目前，我国服务行业的管理尚不严格，价格收费也比较混乱，损害消费者的情况十分严重，这就要求消费者在接受服务前就价格问题与经营者协商确定，以避免挨宰受损。商品的售后服务也与消费者的利益紧密相关，了解售后服务主要是看生产厂家与经营者有无质量担保期、提供维修服务的方式以及是否收费、收费多少等等。目前，随着广大消费者生活水平和生活质量的提高，对家用电器、家用机械新产品的需求也越来越多，良好的售后服务已经越来越成为消费者消费时的重要考虑因素。

【链接】保密法获通过，国家秘密范围缩小，公民知情权扩大。

新修订的《中华人民共和国保守国家秘密法》（以下简称《保密法》）自2010年10月1日起施行。修订后的保密法首次对“国家秘密”作了明确定义：“涉及国家安全和利益的事项，泄露后可能损害国家在政治、经济、国防、外交等领域的安全和利益的，应当确定为国家秘密”。

经过修订后，保密法缩小了国家秘密范围，提高了定密的规范性、科学性和准确性，在有力保障国家信息安全的同时，也促进了政府信息的公开，扩大了公民的知情权、参与权和监督权，增强了政府工作的透明度。

修订后的保密法使定密主体层级上移，定密程序更加复杂而且规范，机关、单位的定密责任得到了强化，以防止乱定密，这些都从源头上缩小了国家秘密范围。修订后的保密法还规定，不应该定密的定密了，也要追究法律责任。

近些年来，随着计算机信息技术的飞速发展和广泛使用，对中国国家安全带来极大挑战的泄密案件时有发生。修订后的保密法特别规定，互联网及其他公共信息网络运营商、服务商应当配合公安机关、国家安全机关、检察机关对泄密案件进行调查。同时，如果大量国家信息被定密后而不能解密，妨碍了信息的正常流动和获取，使公民的知情权无法得到满足。

因此，“保密”和“公开”是一枚硬币的两个方面，只有把两者关系处理好了，才能真正解决问题。

六、实际生活中侵犯农民消费者知悉真情权的主要表现形式

1. 未向农民消费者告知实际情况

【案例 1】 庐山风景名胜区消费者协会接到深圳游客汪某投诉，他11日入住庐山某宾馆，办理住宿登记手续后将车停放在宾馆内。当时宾馆总台未告知停车需要单独收费。住宿三天后，汪某才知每天要收停车费10元。汪某一行游客认为未事先告知需收费停车，拒绝支付，随后引发纠纷。汪某投诉道，希望消协保护消费者知情权和被诉方

的信息公开请求权。后经消协调解，免收汪某三天的停车费。

点评：消费者的知情权似乎长期处于被忽略的状态。诸如商家推出的各类活动所注明的“本活动最终解释权归商场所有”等等。依据《消费者权益保护法》第八条规定：消费者享有知悉其购买、使用商品或者接受的服务的真实情况的权利。本案中，宾馆违法了《消费者权益保护法》第十九条规定：经营者应当向消费者提供有关产品或者服务的真实信息，不得作引人误解的虚假宣传。经营者对消费者就其提供的商品或者服务的质量和使用方法等问题提出的询问，应当作出真实、明确的答复。商店提供商品应当明码标价。

【案例2】特价菜我付了钱，为什么不能打包

4月25日，许女士与家人一起到这家酒楼吃晚餐，席间点了份特价鸡尾虾。饭后，许女士准备将吃剩的特价鸡尾虾带走，遭到了餐厅服务员的拒绝，“特价菜不能带走”。许女士没有理论，支付600多元的餐费后，与家人离开了酒楼。她非常纳闷：自己点的菜，凭啥就不能带走？无独有偶，李先生在一家餐厅点了一份10元的特价鱼，要求将其带走时，服务员拒绝了。

“特价菜不打包”似乎已经成为不少快餐店、饭店的“行规”。如果饭店所推出的食物属于特价品，那么顾客就餐后剩余的食物不管多少都不能打包带走。在商家看来，特价食品本身已无什么利润，因此商家有个不成文的规定：特价食品只能当场吃，不可以打包带走。如有的饭店推出1元钱的特价菜，如果人人都来打包，那饭店就亏大了。

那么特价菜不许打包到底有没有依据呢？长沙市12315工作人员表示，特价菜是商家的一种促销手段，商家有规定消费者在何种情况下可以获得相应优惠的权利，但必须在顾客点菜时就明确说明特价菜不能带走；如果不明示，则忽视了消费者的知情权和选择权，消费者可以要求打包。

【案例3】消费者的知情权与农药生产、销售的规范

2003年4月，北京某果品有限责任公司（下称果品公司）建设若干大棚种植番茄。为了防治蚜虫，果品公司派工作人员朱某采购农药。朱某来到李某经营的店铺后，李某介绍其购买内蒙古某科技开发有限责任公司（下称科技公司）生产的30%虫螨净烟剂30盒，价款240元。包装盒上名称标示齐全，记载植物开花期内禁用。李某出具了票据，记载番茄园为购货人。果品公司使用该药物时发现，虫螨净烟剂盒内混有30%棚虫克烟剂，包装盒上各项标示与虫螨净烟剂完全相同。由于果品公司的番茄已经处于幼年时期，在使用李某的农药后，番茄大面积落果。之后，果品公司向农管站投诉，农管站查明：30%的棚虫克系农业部临时登记产品，实为敌敌畏烟剂，虫螨净未经任何登记。据此，对李某处以2000元罚款。同年，农业部鉴定机构出具证明，棚虫科烟剂系科技公司生产，该产品在幼果期使用会造成落果。2004年5月，果品公司将科技公司、李某告上法庭，要求赔偿损失并退还货款。法院审理后判决：(1) 科技公司、李某共同赔偿果品公司经济损失15万元；(2) 李某退还货款240元。李某不服，提起上诉，二审法院依法驳回上诉，维持原判。

律师说法：

(1) 生产者、销售者对消费者的欺诈。欺诈是指一方故意隐瞒事实真相或编造虚假事实诱使对方做出不真实的意思表示，给对方带来一定损失的行为。产品销售过程中，生产者、消费者一般会采取系列欺诈手段：编造、冒用各种编号、证号；包装与内容不符；虚假广告；稀释产品等。本案中，科技公司混装产品、冒用标号及使用临时登记产品编号等行为构成了欺诈。

(2) 生产者、销售者在产品销售过程中的告知义务。告知义务作为产品销售合同关系的附随义务，体现了诚实信用原则在合同履行过程中的作用，要求生产者、销售者告知该产品的相关事项。产品销售中告知义务主要包括告知使用方式、产品瑕疵、产品基本信息、安全禁忌、给付不能的原因等。本案中，李某没有告知烟剂可能导致落果这一禁忌；科技公司也没有在烟剂包装上明确说明。

(3) 产品质量原因造成损害的赔偿责任。产品生产者与销售者共同承担损害赔偿责任，赔偿消费者之后，各自分担责任。受害人既可以直接要求生产者赔偿，也可以直接要求销售者赔偿。该类赔偿的限额以给消费者带来的实际损失为限，而不论产品本身的价值与价格大小。本案中，果品公司番茄大面积落果的损失是科技公司与李某必须赔偿的。

(4) 产品包装、标示的要求。法律规定，产品标示必须符合下列要求：产品质量检验合格证；中文名称、厂名、厂址；规格、等级、成分、含量等资料；有效期；安全警示。特殊产品还需要根据实际情况做出特殊处理，如易燃易爆产品的包装需要防止爆炸危害等。

（5）农药产品生产、销售的审批要求。农药产品的生产厂商必须具备相应资质，销售者必须能够清晰的向消费者介绍产品性能。农药登记必须经过田间试验阶段、临时登记阶段和正式登记阶段，临时登记阶段只能在规定范围内试销。农药产品的包装必须贴有标签、说明书、名称、批号、农药登记证号、生产许可证号、成分、含量、重量、毒性、用途、使用技术与方式、生产日期与有效期、注意事项等。

法律依据

（1）《中华人民共和国产品质量法》第27条；

（2）《中华人民共和国消费者权益保护法》第八条第1款；

（3）《中华人民共和国农药管理条例》第七条；

（4）《中华人民共和国农药管理条例》第十九条第1款。

2. 对农民消费者虚假告知

【案例1】某商场打出“清仓大处理”的广告，西服一套原价1888元，现价188元。小李立即购买了一套，但在其他商场，他看到同样品牌，同样质量的西服才88元，小李感到上当了，就对某商场进行了投诉，告其损害了消费者的权利。这就是一起典型的侵害消费者知情权的案例。本案中，经营者利用虚假广告蒙骗消费者，侵害了消费者的知情权，使消费者蒙受了损失。

【案例2】 旅游零团费、低起价的猫腻。消费者郑女士在某报纸上看到某旅行社的新马泰旅游价格比较符合自己的心理价位，又与其他旅行社多次比较后觉得此家旅行社的确便宜，电话咨询该旅行社得知旅行社提供的服务也很完善，团费价格1800元是国内旅行社中最低的，几乎是零团费了。郑女士于是与该旅行社签订了2006年8月4日至13日的新马泰旅游合同。但在旅游过程中，合同中约定的大部分景点大都走马观花似的游览过，中间却穿插了很多需要收费的项目。在一个岛上游览时，郑女士跟导游讲自己带的钱不够多，不想参加自费项目，其他几位游客也是这样的想法。没想到导游态度非常强硬，而且说自费项目是一定要参加的，否则哪有这么低的团费便宜你们游客啊。如果不想参加，那就在这个岛上慢慢玩吧。并马上要司机开车离开，把郑女士及其他几位游客放在岛上。没办法，郑女士等游客只好答应参加一个自费项目，导游才带大家离开。回国后，郑女士觉得参加了这个旅行社真是有上当受骗的感觉，于是投诉至消保委要求赔偿损失。

依据《中华人民共和国消费者权益保护法》第八条规定："消费者享有知悉其购买、使用的商品或者接受的服务的真实情况的权利。"本案中，该旅行社以零团费或低团费吸引旅游者报名参团，而在行程中却减少参观游览时间、擅自增加自费项目，实际上是以自费项目的"差价"来补贴零团费或低团费。此做法违反了旅游行业相关规定，侵犯了旅游消费者的"知情权"。经调解，该旅行社同意退还消费者郑女士参加的自费项目费用。郑女士表示接受。

消费提示：零团费、低起价是旅行社对外宣传的常用的招数，以此来吸引旅游者参团。但在实际操作过程中却无故增加多个自费项目来赚取差价利润，极大地损害了旅游者的合法权益。因此提醒旅游者参团旅游不要一味贪图旅游价格便宜，更不应轻信旅行社的夸张宣传，完善的服务合理的价格才是最根本。建议旅游者选择有资质、规模比较大、管理比较规范、服务完善的旅行社。在报名前一定要仔细询问具体报价，行程中的每一环节包括自费景点和项目的数量、购物点的数量等最好能在合同中约定清楚。

【案例 3】自费项目岂能随意多收费

消费者吴先生及太太于 2006 年 6 月参加了上海某旅行社组织的泰国普吉岛 6 日游。吴先生反映，在自费项目的小 PP 岛旅游时地接导游及国内领队多收费用每人 1800 铢（折合人民币 429 元），吴先生要求导游和领队出具有效凭证遭到拒绝，只收到一张泰国国家旅游局认证的价格表，之后此价格表被导游当场撕毁，而且态度极其恶劣。

回国后吴先生向该旅行社投诉，经工作人员调查，该旅行社的导游多收费用属实，同意退还多收费用。然而吴先生不同意此处理结果，认为导游的行为纯属欺诈，故要求旅行社双倍退还多收的费用。双方难以达成一致，吴先生向消费者保护委员会求助处理。

调解结果：根据《上海市旅游条例》第三十三条规

定，旅游者的合法权益受法律保护，旅游者有知悉旅游经营者所提供的产品及服务的真实情况的权利。该旅行社的导游未按照自费项目的收费标准多收取了游客的费用，理应退还给游客。经过协调，该旅行社同意退还吴先生多收费用，并补偿每人200元，吴先生对此结果表示满意。

消费提示：旅游服务中旅行社应诚信服务，公开自费项目价格，并严格按照确定的收费标准收取游客费用。旅游消费者外出旅游特别是在境外游时，对当地的标准和风俗不了解往往会被旅行社牵着鼻子走，故可以事先要求旅行社提供书面收费标准，必要时向当地旅游经营者或有关行政部门咨询、确认。

3. 对农民消费者的不完全告知实际情况

【案例1】陆先生近期从某汽车销售服务有限公司提取新购的轿车时遭遇了一件怪事。他发现该公司出具的维修保养手册填写的提车日期、提车起始公里数均与实际不符，更怪的是客户签名处签的竟是别人的姓名。交涉中，公司员工称汽车公司的产品质量因地域不同所以质量状况亦不同，签名事宜是公司内部流程，消费者无需也没有权利了解详细过程。听到如此的解释，陆先生一怒之下向消保委投诉要求解决。消保委调查发现这一事件因该公司员工误操作所致，汽车销售商提供给消费者的维修保养手册应该与提车时的实际情况相一致，同时客户签名也应由消费者签署，并且必须与行驶证上的名称一致，这样新车才能进入正常的保养维修。该公司的行为显然损害了消费者的合法权益，该公司员工“消费者无需也没有权利了解详细过程”的解释亦是对消费者知情权的侵犯。本案中经营者没有对消费者进行商品的完全告知，侵害了消费者的知情权。

【链接】购车修车，消费者应知道什么？

（1）汽车构造性能要明确。对于汽车产品本身的结构特点、性能（环保性能、安全性能等），以及产品所使用的一些新技术的情况、成熟度都应该主动告知消费者。由于汽车厂商大多会对销售人员进行培训，因此在这一方面多数不会出现太大的问题。

（2）合同要点要明晰。在签订购车合同时，销售人员有义务主动将合同的主要内容要点告知消费者，并且对双方容易产生误解的部分给予详细的说明，以避免今后因为双方理解不一而产生纠纷。

（3）售后项目要留意。对于汽车售后服务的一些相关约定，经销商也应该要主动告知消费者。这些约定包括：售后服务的具体项目、内容，哪些售后服务是免费的，哪些服务是有一定优惠的，哪些服务是必须要消费者掏钱的，这些都应该在购车时，告知消费者，让消费者有全面的了解。

（4）检测项目要关注。在提车时，消费者由于疏忽往往提了车就走，并不会非常仔细地进行验车。这时，经销商就应该主动告知消费者，该车经过了哪些 PBI 检测项目，检测的结果情况如何等。而这些车辆的相关情况，消费者也是有权知道的，如果经销商并没与告知消费者，消费者可向经销商进行询问。

（5）保险问题要小心。在投保时，销售人员有义务向消费者告知车辆投保的单位，买了哪些额外的保险，哪些方面发生了问题是可以向保险公司进行索赔，哪些方面不能等情况都应该向消费者解释清楚，而不是让消费者签字了事。一般来说，经销商对于车辆本身的性能问题会如实告知消费者，但在合同的相关约定和法律条款上、在售后服务的约定上，以及在车辆的 PBI 检测情况上，不会做太多的介绍。而这些问题往往是引起消费者和经销商矛盾纠纷的主要原因。

因此，在购车过程中，消费者自身也应该特别注意知情权的维护。在这些方面多加注意，如果经销商没有主动告知，消费者应主动询问，维护自己的合法权益。同时，经销商也应该加强对销售人员的相关知情权培训，在销售过程中，充分维护消费者的利益。

消费者在购车过程中，应该多注意书面文件的保留，对一些双方可能会发生歧义的约定，及如果违反约定将要承担何种责任等细节问题，也最好要求对方作出书面的详细解释。在发生纠纷问题时，这些书面文件可以成为消费者最好的维权武器，让消费者的维权要求站得住脚。

【案例 2】 某消费者协会成功调解了一起因经营者未告知消费者所购轮胎的使用车型以及适应路况的实际情况，致使轮胎过早就出现钢丝轮胎起皮、掉渣而发生的消费纠纷，经消协调解，为消费者挽回经济损失 7200 元。

2005 年 4 月 27 日，消费者许某在某轮胎大世界购买适用于载货翻斗车的轮胎，在经营者的推荐下购买了 5 条

3053型轮胎，每条价值1800元，共计9000元。让许某始料不及的是，一个月下来5条钢丝轮胎均出现起皮、掉渣，许某多次找到经营者要求更换都遭到了拒绝。经营者称轮胎起皮、掉渣是许某超载或者使用不当等原因造成的，不是质量问题，两人各执己见，争执不下，消费者许某将经营者投诉至消协。

消协接到投诉后，及时要求经营者提供所出售的该型号轮胎的说明书和强制性认证证书以及相关资料。消协工作人员在经营者提供的材料中发现，消费者所购买的3053型轮胎适用于客车或在高速公路及良好铺装路面行驶的货车，而消费者在购买轮胎时明确说明是用于载货翻斗车的。由此可见，由于经营者未向消费者告知清楚轮胎的适用车型，致使所购轮胎过早地出现上述情况。在消协的调解下，经营者与消费者最终达成如下协议：一是经营者愿意为消费者提供适用于载货翻斗车使用的3050型轮胎4条；二是消费者许某将3053型旧轮胎交还经营者。至此，案件得到了圆满解决。

点评：本案牵涉到的核心问题是消费者的知情权和选择权问题。知情权是指消费者对其购买商品和接受服务享有的了解和知悉其真实情况的权利。《消费者权益保护法》第八条规定：“消费者享有知悉其购买、使用的商品或者接受的服务的真实情况的权利。消费者有权根据商品或者服务的不同情况，要求经营者提供商品的价格、产地、生产者、用途、性能、规格、等级、主要成分、生产日期、有效期限、检验合格证明、使用方法说明书、售后服务，或者服务的内容、规格、费用等有关情况。”认定经营者的行为是否侵犯了消费者的知情权，主要看经营者的行为是否造成了消费者的损害事实，经营者的行为是否违法，经营者主观上是否存在过错（包括故意和过失）。第九条第2款明确规定："消费者有权自主选择提供商品或者服务的经营者，自主选择商品品种或者服务方式，自主决定购买或者不购买任何一种商品、接受或者不接受任何一项服务。"消费者享有的自主选择商品或服务的权利丧失了，其在消费生活中行为自由、生活自主的法律保障也就没有了，更不用说实现自身的消费意愿了。本案中的许某由于经营者的误导而失去了知情权和选择权，因而遭受了损失。这种损失依法应当由经营者来承担责任。

七、当农民消费者的知情权和选择权受到侵害时的解决途径

消费者在自己的权益受到侵害，向消费者协会或有关行政部门投诉、申诉后，对这些单位的调解、处理意见不甚满意，认为自己所提要求合乎情理，投诉、申诉理由非常充分，那么消费者可以依据法律规定向人民法院提起诉讼。

投诉和起诉不同，投诉是受害人向司法机关以外的有关部门伸张自己的权利，并求得保护或进行舆论监督的普通行为；而起诉则是当事人向法院请求司法保护的法律行为。

投诉处理意见属于民间调解行为，没有强制性，而申诉处理意见系行政行为，尽管有一定的行政强制力，譬如

勒令停产、吊销执照或处以罚款等，但对消费者进行侵害赔偿的权利只掌握在司法机关手中。

司法机关代表国家，对民事侵权行为或刑事犯罪行为侵犯的对象有强制赔偿和予以处罚的法律强制力，法院可以采取强制措施予以强制执行。最后，法律调整因侵犯行为引起的法律关系，最具有公证性、正义性和有效性。

消费者无论采取何种方式维权，能否成功的关键在于是否掌握充足的证据。因此，在消费的各个阶段，消费者收集、准备人证、物证、书证等证据都格外重要。

八、实际生活中不准自主选择权的表现

捆绑式销售模式的侵犯情形。捆绑式销售明显属于侵犯了农民消费者的自主选择权，但因现在市场上捆绑式销售的形式实在太多，又没有明确的法律规定来规制这一行为，所以我们只能从此类行为实际上是否侵害了农民消费者的利益来对待这一行为。比如，进行搭售的产品的单价与另一产品的单价是否超过了两种产品单价的总和，若超过了，则侵害了消费者的利益，若是低于实际价格，则是使消费者受惠，但若进行搭售后的价格高于消费者所需的产品的单价又低于与搭售的产品相加之后的总价，且消费者又只愿买其中一件的，也是侵害了消费者的合法权益。又比如，搭售的产品是三无或假冒伪劣产品，则明显是侵害到了农民消费者的实际利益。此时，则不仅是侵犯了农民消费者的自主选择权，也存在隐性的侵犯农民消费者的人身安全权或财产安全权的可能性。

九、实际生活中农民朋友要注意的涉及公平交易权的常见内容

1. 公平交易权中的质量保障

质量是指商品或服务的优劣程度，它反映了商品或者服务的使用价值。消费者花钱买东西或者接受服务，当然要获得与价格相符的使用价值，否则就是不公平的交易。商品或服务的质量得不到保障，轻则使消费者财产受损失，严重的可使消费者健康和生命受到危害。近年来产品质量问题已成为受人关注的重大社会问题。

厉某买了两双皮鞋，其中一双穿上只走了 100 米左右，皮面就变了形，另一双穿上第三天，皮面就起了皱。各地消协接待最多的恐怕就是拿着“短命鞋”前来投诉的消费者。武汉有关部门曾对该市第二中学 135 名学生所戴眼镜进行检测，不合格率竟达 93%，最大的误差竟达 427 度，学生们的视力受到严重损伤。河南某地农民盖房时，因预制板质量不合格，造成墙倒梁断，出了人命；某游乐园因服务管理差，造成缆车空中起火，将 3 名初中生活活烧死……质量问题系着千家万户的安危与幸福。连续两次全国范围的“质量万里行”活动所受到的热烈欢迎，也说明了危及广大消费者的产品质量问题的严重性。消费者有权获得质量保障，有权要求商品和服务符合国家规定的标准。

2. 公平交易权中的价格合理

价格是商品或服务的价值的货币表现，它应该是等价

交换、质价相符、货值其价的尺度。价格合理要求商品或者服务的价格与其价值相符。对国家定价的商品和服务，必须严格按照国家定价执行；对国家没有定价的，应由经营者与消费者按照价值规律合理确定。近年来，随着国家对价格的陆续放开，有些地方出现了乱涨价之风，如公用电话、火车上的各种服务费、旅游景点的门票等等无视国家三令五申，我行我素。如某消费者乘“一日五游”车竟先后被索收1200元……这都是对消费者权益的侵害，是法律不允许的。

3. 公平交易权中的计量正确

计量正确包括两层含义，一是计量器具的使用要符合法律、法规的规定。

使用何种计量器具，应当按照有关计量法规的规定执行。北京市随着废止杆秤的规定的施行告别了使用数千年的杆秤时代，而代之以标准的计量器具。不合格的计量器具的使用，必定要造成对消费者权益的侵犯。如有的杆秤是16两秤，即1市斤分为16两。但在与消费者进行交易时，却以10两1市斤；有的经营者还使用与杆秤不相符的小秤砣，缺斤短两自成必然。消费者这项权益的实现，既是针对国家的职责，也是针对生产经营者的义务。它要求质量技术监督部门按照计量法规，加强对计量器具的监督检查，并做好交易场所计量器具的检定工作，禁止使用未按要求检定或者检定不合格的计量器具。对于未列入强制检定目录的贸易结算用的计量器具，应加强日常巡回检查工作，及时纠正和处罚违法行为。生产经营者更应自觉守法，遵守职业道德，不得在计量器具的使用上弄虚作假，对于工厂包装的产品，消费者有权要求其注明净重量或者容量，并应当与实际相符；在交易时计量的商品，消费者有权查明度量衡量是否准确，有权看秤、复秤，对不足份量，缺斤少两的有权要求补足或退回多收的价款。

二是计量准确、数量充足。这要求经营者在提供商品或者服务时，计量应当准确无误。

4. 农民朋友要勇敢向强制交易行为说不

强制交易行为的特征是违背消费者的意愿。其表现是多种多样的，如饭馆强行拉客人进餐；书摊在出售一本紧俏书时强迫读者必须另购一本滞销书；商店在顾客要1公斤时或称了1.5公斤，否则不卖，等等。有些不法经营者常以消费者摸了或看了他的商品为借口，强行要消费者买下。还有一些公用企业或者其他依法具有独立地位的经营者，利用自身的经济优势限定消费者购买其指定的商品，如煤气公司要求安装热水器的消费者必须购买其提供的热水器，否则不予安装；电信局要求装电话的消费者必须购买其提供的电话机，否则不予装机……以消费者自身的力量，有时无法抗拒这些强制交易的行为，因此也需要法律赋予一定权利并提供保护。拒绝了强制交易行为，同时也是维护了消费者自主选择商品和服务的权利。

十、实际生活中侵犯公平交易权的案例

【案例1】电话月租费损害消费者公平交易权

全国18个省（市、自治区）的23名公益维权人士、

数十人组成的公益维权法律援助团，通过设在河南的公益维权网向广大消费者发出《唤醒消费自身维权一封公开信》，直指通信企业通过各种手段和霸王条款，或明或暗地抢夺消费者财产的各种行为：移动及固定电话用户缴纳800～5000元的入网费或初装费，无疑是投资，按照谁投资谁受益的原则，用户应当得到回报，但广大用户每月还要向其缴纳月租费就不合理等。

当年由于资源短缺，安装使用电话的成本高，电信公司采取收取一定月租费的方法，来弥补电信资源的短缺和电信发展资金的不足，这是可以理解的，但时至今日，这个已经不合时宜。

每条电话线所占用的通话资源和设备资源，正是电信部门作为服务提供者所必须具备的要件，否则用户凭什么给你交纳通话费？同样道理，自来水、电力、煤气同样是公用事业，同样要提供管线资源，但都不收月租费，电话却为什么要照收不误？月租费的存在，损害了消费者的公平交易权。

【案例2】银行随意定积分规则侵权

郑女士发现两次刷卡消费均未产生积分，与某银行交涉未果，于是向消保委投诉。一番调查，原来银行对于信用卡消费是否能够积分有着诸多规定。

银行接待人员说，郑女士是在某学校内刷卡消费不能享受积分，因为学校属于教育机构，不可以参加积分活动，这个解释让郑女士难以接受。接到投诉，消保委立即展开调查。尽管在该银行的网站上列明，“房地产、汽车销售、批发等商户的消费”不予计算积分；“公立学校、政府类、金融类、慈善和非盈利性社会服务等商户”的交易类型也列入不予累计积分。但在该行网站上公示的《上海地区不予计算积分商户列表》中，该学校并不在列。

银行客服人员解释说，刷卡消费是否能够产生积分与商户的POS机设置有关，而商户类型，则是由银联方面设置的。为此，消保委又专门向“上海银联”咨询，银联方面用郑女士提供的签购单上的商户号进行了查询，查出了该学校属于“其他批发类商户”。至此，郑女士刷卡消费不能积分的原因显现。然而，一个学校有着“批发”的经营范围，实在是不合常理。

上海市消费者保护委员会表示，银行与银联对某些个案商户类型随意设置，导致商户POS机的积分设置与银行的公示不一致，侵犯了消费者的知情权、公平交易权。

【案例3】交了建筑垃圾清运费，还要交拆墙费

市民刘先生刚搞完装修，去物业公司办理押金退还，被收取了两平方米的拆墙费，共计60元。钱不多，可刘先生觉得不合理，便拨打电话投诉。搞装修之前，他与物业公司签订了《房屋装饰装修管理服务协议》，其中注明：业主向物业公司缴纳装修管理费、装修垃圾清运费、装修人员出入证工本费、装修保证金等。关于装修垃圾清运费的规定是，由业主按“每平方米建筑面积2元”的标准向物管缴纳，如有拆墙，加算墙体面积。

刘先生缴纳了113元装修管理费、189元垃圾清运费，还有1000元装修保证金。刘先生出示了一张收费明细单，上面写着：拆墙费按拆墙面积另算。“后来才发现里面好像有猫腻。”房屋装修完毕，刘先生要求物业公司退还1000元装修押金，但对方从中扣除了2平方米拆墙费共60元。

根据《湖南省物业服务收费管理实施办法》规定，物业公司只能收取装修管理费、装修垃圾清运费、装修人员出入证工本费、装修保证金等费用，不能另立名目。刘先生称，费用虽不多，但在部分小区非常普遍，很多业主怕惹麻烦，就接受了这样的做法。小区物业的工作人员表示，拆墙费确实是按照30元/平方米的标准收取的。为什么收了垃圾清运费后还要收拆墙费呢？对方说，拆墙拆下来的建筑垃圾跟普通装修垃圾不同，砖块石头必须运到市区二环以外进行处理，否则有关部门会征收相关费用。

律师称，如果小区物业公司未对所谓的拆墙费进行明码标价，在装修协议中未明确告知，也未在小区内进行公示，而是在事后单方面要求收取30元/平方米的费用，属于侵犯了业主的知情权与公平交易权。如果逼迫业主交纳拆墙费，否则就不退还装修押金，就是典型的强迫交易。

【案例4】驾校硬收食宿费侵犯公平交易权

驾校学员林先生说，我们也欢迎加强管理封闭培训，但按规定每天封闭只有6小时。在规定的封闭训练时间内，学员必须到场，但是食宿应该由学员自己定。

驾校学员陈先生说，封闭训练和场内食宿是两码事，而且交警部门并没有规定学员必须在考训场吃住，学员就有选择的权利，在完成封闭训练的情况下，完全有条件在家吃住，那些钱交的冤。还有一些学员也表达了类似的想法。

工商局表示，考训场强制收取学员食宿费的行为侵犯了学员的公平交易权，工商局欢迎学员前往投诉，提供更多的证据材料，如情况属实，工商局将介入调查。消委会表示，学员在考训场学车，事实上也是消费者，享有公平交易的权利，如果学员觉得权利和利益受到侵害，可以到消委会投诉。

【案例 5】油价变更　违约扣油

2006 年 4 月 6 日，张某在加油站以现金形式，按每升 4.17 元的价格，购买了 1000 升 90 号汽油，而 5 月 25 日，加油站以汽油已涨价为由，按新油价每升 4.52 元折汽油 50 升。6 月 27 日，张某到消协投诉。消协随即与加油站取得联系，并发出了调查函。最初，加油站辩称：消费者所付 4170 元购油款，没有一次性将油取走，未取走的油应随行就市。

消协认为：加油站与消费者约定的油价为每升 4.17 元，消费者既然已付现金 4170 元，就有权从加油站获得同标号汽油 1000 升。加油站单方变更已售出的油价，擅自扣减消费者所购汽油的数量，是明显的违约行为。

依据《合同法》和《消法》的相关规定，消协作出以下调解：一是由加油站向消费者张某赔礼道歉。二是消费者剩余的汽油按原价每升 4.17 元执行，加油站退还消费者折价汽油 55.76 升，同时要求加油站自查，避免和杜绝因油价上调而违反约定的行为再度发生。

点评：经营者服务时，应当遵循自愿、平等、公平、诚信的原则。加油站以汽油涨价为由，以新油价折扣消费者汽油的行为，侵害了消费者公平交易的权利，属于乱收费行为。

【案例 6】“她打折，我全价”合理吗

消费者白小姐从浦东机场乘机出国，登机前在候机楼禁区内免税店购买 4000 多元化妆品，事后了解到可打 9 折优惠，因此认为店方销售人员隐瞒商品打折情况，投诉到消协；要求店方合理答复和退还多收货款。

经实地查看未发现店堂内有商品打折销售告知，该免税店也并非折扣店，消费者也确认商店购物时没有打折销售告知，打折的信息来自于一位一同出国的朋友告诉的，朋友在该店购买化妆品时享受了 9 折优惠，因此，白小姐认为“她打折，我全价”不合理。

消保委认为，在市场经济情况之下，商家如无打折销售告知，商品按明码标价销售，就不存在店方隐瞒销售商品打折情况，而消费者对购买商品价格谈判能力不同，导致享受折扣不同或无折扣优惠是正常现象（俗称“讨价还价”），也不存在“她打折，我全价”不合理一说。

十一、农民消费者需要了解的获得赔偿权

《中华人民共和国消费者权益保护法》第十一条：消费者因购买、使用商品或者接受服务受到人身、财产损害的，享有依法获得赔偿的权利。

求偿权又称获得赔偿权，它是宪法、法律赋予公民、法人和其他组织的一种重要权利，其基本含义是：当公

民、法人或其他组织的合法权利受到他人的不法侵害而致人身、财产受到损失时，可依法要求侵权人予以赔偿。

依据侵权的主体与性质不同，赔偿又可分为刑事赔偿、行政赔偿与民事赔偿三种。刑事赔偿与行政赔偿属国家赔偿的范畴，与这里所说的求偿权无关，故在此不论。此处所称的求偿，是指索求民事赔偿，意即在民事活动中，一方侵犯另一方的民事权利所应承担的民事责任。对于受害方而言，赔偿是其权利受损后的一种恢复手段；对于侵权方而言，赔偿则是法律对其行为的一种否定性评价。民事赔偿具有明显的补偿性质，基于民事活动的等价有偿原则，侵权人所给予的赔偿应相当于受害方所遭受的人身或财产损失。消费者的求偿权，实质上是一种民事索赔权，是指消费者在购买、使用商品或者接受服务时，因人身或财产受到损害而依法取得的向经营者索求赔偿的权利。

十二、消费者获得赔偿权的特点

1. 消费者的求偿权仅存在于消费领域。尽管消费者的求偿权本质上是一种侵权损害赔偿的请求权，但它只发生于消费者与相关的经营者之间，亦即消费者只可对相关的经营者主张这一权利。离开了消费领域，消费者的求偿权就失去了存在的基础，没有任何意义。

2. 消费者的求偿权中有惩罚性赔偿的规定。就消费者与经营者的实际地位看消费者无疑处于弱者的位置，一方面，他们易受经营者的侵害而致使人身、财产权利受损，另一方面，由于求偿的艰难，使他们往往忍气吞声，放弃索赔。因此，从保护社会弱者的宗旨出发，我国《消费者权益保护法》规定了对不法经营者的惩罚性赔偿，在增强对消费者保护力度的同时，也加重不法侵害者的法律责任。惩罚性赔偿在我国现有的立法中仅见于消费者保护领域。

十三、关于消费者获得赔偿权，农民朋友可以在实际生活中注意的具体案例

1. 人身损害时获得赔偿权的应用

公民的人身权利受法律保护，当公民的人身权利受到不法侵害而造成损失时，有权请求赔偿。在消费领域，农民消费者因购买、使用商品或接受服务而致人身损害时，可依法向经营者求偿。根据《消费者权益保护法》的规定，经营者提供商品或者服务，造成消费者或者他人人身伤害的，应当支付医疗费、治理期间的护理费、因误工减少的收入等费用；造成残疾的，还应当支付残疾者生活自助费、生活补助费、残疾赔偿金以及由其扶养的人所必需的生活费等费用；造成死亡的，应当支付丧葬费、死亡赔偿金以及由死者生前扶养的人所必需的生活费等费用。

【案例】治病反受伤害，消费者有权请求赔偿

1994 年 2 月，某石墨矿职工李某因公造成腰椎骨轻度滑脱，在医院做了钢板固定手术，使用了某医疗器械厂生产的 SDE 槽式钢板和钢钉。按正常情况，1 年后医院取出钢板钢钉，病人即可痊愈。但过了 4 个月李某在一次下床

时，突然觉得腰手术处有撕拉感，而后一直疼痛难忍。经医院透视拍片，发现固定钢板的钢钉多处折断，造成腰椎骨严重脱位。由于李某没有足够的医疗费用再行手术，便靠服用一些止痛消炎药来减轻痛苦。1996 年 3 月，李某实在忍受不了折磨，便来到医院做取出折断钢钉的手术，但仍有三节折断钢钉无法取出。经法医鉴定，李某为五级伤残。为维护自己的合法权益，李某以不合格钢钉造成自身伤残为由，向消费者协会投诉。

接到投诉，消协工作人员随即通知钢钉的生产厂家——某医疗器械厂的领导，一起到医院进行协商，并决定对钢钉进行质量检测。经山东省技术监督局和天津骨科治疗设备检验测试中心鉴定，置于李某体内的钢钉属不合格产品。面对不合格钢钉造成李某伤残的严酷事实，医院和厂方却各有说法。院方认为，当初购货属正常渠道出了问题厂方应负完全责任，而厂方则认为，医院让李某提前出院并下床活动，与钢钉折断有着内在的联系，医院应负相当责任，协商几度陷入僵局。后经消协根据《消费者权益保护法》的精神反复调解，最后达成了厂方赔偿 58000 元，医院赔偿 6000 元的协议。

本例中，李某因腰椎骨轻度滑脱到医院接受治疗，即与医院形成了服务与接受服务的消费关系。同时，李某治病使用了某医疗器械厂生产的钢板钢钉，即与该厂间接地建立了购买商品与提供商品的消费关系。但李某却因使用了不合格钢钉而导致了伤残的后果，对此损失，医院与厂家均应承担相应的赔偿责任，李某可请求医院赔偿，也可直接向生产厂家请求赔偿。

2. 财产损害时获得赔偿权的应用

公民的合法财产受法律保护，对此，我国《宪法》和《民法通则》已有明确规定。在消费领域，农民消费者因购买、使用商品或者接受服务而致财产损害时，可依法向经营者求偿。这里所称的财产损害，既包括财产的直接损害，也包括财产的间接损害。比如说，消费者购买的电冰箱因漏电发生火灾，在这里冰箱本身的损失是直接损失，当然要赔，火灾造成的其他财产损失是间接的，也要赔偿。根据《消费者权益保护法》的有关规定，经营者提供商品或者服务，造成消费者财产损害的，应当按照消费者的要求，以修理、重作、更换、退货、补助商品数量、退还货款和服务费用或者赔偿损失等方式承担民事责任。消费者与经营者另有约定的，按照约定履行。

【案例】不合格产品致消费者人身、财产受损，生产者、销售者应予赔偿

1993年，送变电工程公司用以物抵债的方式从某市火柴厂购进一批取暖器发售给本单位职工。不久，职工支某家的取暖器因质量问题发生爆炸，全家三人被烧、烫成重伤，其中支某受伤最重，住院期间两次病危，后经医务人员全力抢救才幸免于难。为取得赔偿，支某向市中级人民法院提起民事诉讼，要求某市火柴厂和送变电工程公司赔偿其人身与财产损失。市中级人民法院经公开审理后作出一审判决：责令生产、销售不合格产品，造成他人人身、财产损害的某市火柴厂和送变电工程公司赔偿原告支某一家的各项损失235550.90元。对此判决，原告不服，向省高级人民法院提出上诉。

省高级人民法院经过调查审理后认为，某市火柴厂以非正常手段取得了取暖器的合格证，其产品的质量存在缺陷，对支某一家造成的经济损失应负主要的民事赔偿责任。送变电工程公司从某市火柴厂用以物抵债的方式购进取暖器发售给本单位职工，对产品质量未有足够重视，应负次要的民事赔偿责任。据此判决某市火柴厂与送变电工程公司分别赔偿支某全家的医疗、财产损失等各项费用243723.45 元和 27079.27 元。

本例中，支某因使用不合格的取暖器而致全家三人人身及财产受到巨大损害。此案发生后，曾引起全国广大消费者的关注，新闻媒体也作了追踪报道。此案发生时，虽然我国的《消费者权益保护法》尚未生效，但根据《民法通则》的规定，作为不合格产品生产者的某市火柴厂和销售者的送变电工程公司，均应承担取暖器爆炸而给支某家造成的人身和财产损害。本案经市、省两级人民法院的审理，支某全家得到了相应的补偿。我国《消费者权益保护法》关于产品质量责任的规定与《民法通则》的规定基本相同，消费者可选择适用。

3. 精神损害时获得赔偿权的应用

所谓精神损害赔偿，是指侵害公民的身体权、健康权或生命权时，对受害人或其近亲属给付一定金钱，以弥补、减轻其所受精神痛苦的损害赔偿制度。

【案例】

1995 年 3 月 8 日，消费者贯某在聚餐时，正在使用中的卡式炉烧气罐突然发生爆炸，将其严重烧伤，容貌被毁，手指变形，花费治疗费用 31554 元。贾某向法院提起诉讼，要求被告燃气供应商某有限公司和灶具供应商某设备用具厂承担损害赔偿责任。法院查明，贾某烧伤面部和手部，其容貌受到明显影响，劳动能力部分受限，丧失率 30%。另经鉴定查明，供应商提供的属于不合格产品，是造成事故的基本原因，灶具供应商提供的灶具在连接部位存在漏气可能，存在危及人身、财产安全的不合理危险，因此也应对事故承担次要责任。法院审理认为：保证产品质量，特别是保障消费者人身财产安全是产品生产者必须履行的基本法律责任和义务。因产品质量问题造成的侵权损害结果，应依照《中华人民共和国产品质量法》第四十条和《中华人民共和国消费者权益保护法》第四十一条的规定，予以赔偿，以维护社会公平与市场秩序。依照《中华人民共和国民法通则》第一百一十九条“侵害公民身体造成伤害的，应当赔偿医疗费、因误工减少的收入、残疾者生活补助费等费用”的规定，人身损害赔偿应当按照实际损失确定。实际损失除物质方面外，也包括精神损失，即实际存在的无形的精神压力与痛苦。原告贾某在事故发生时尚未成年，身心发育正常，烧伤造成的片状疤痕对其容貌产生了明显影响，并使之劳动能力部分受限，严重的妨碍了她的学习、生活和健康，除肉体痛苦外，无可置疑地给其精神造成了伴随终身的遗憾与伤痛，必须给予抚慰与补偿。在此基础上，法院判决：两家被告单位共同赔偿原告治疗费 6247.2 元、营养费 3809.48 元、护理费 7051.50 元、交通费 4293.9 元、残疾生活自助具费 3559.35 元、今后治疗费 7 万元，精神损害赔偿金 10 万元，上述赔偿共计273257.83元。案件受理费、鉴定费由两被告按照各自责任承担。

本案重要意义之一是拓宽了我国相关民法规定的精神损害赔偿适用范围，为完善我国的精神损害赔偿制度作出了贡献，有利于保护消费者的权益。就今天看来，本案已经有了明确的法律依据，《最高人民法院关于确定民事侵权精神损害赔偿责任若干问题的解释》，当然有一点要说明的，该解释对精神损害赔偿的额度并未作出具体的规范，只原则上规定了若干赔偿数额的确定因素。究其原因，应当是司法实践的复杂性所致吧，比如各个地区，各个案件的情况实在存在太大的差别，无法一一明确。具体司法实践中，各省根据自己的情况，纷纷制定了一些规定。

十四、农民消费者需要了解的成立团体权

《中华人民共和国消费者权益保护法》第十二条：消费者享有依法成立维护自身合法权益的社会团体的权利。

从我国宪法来看，中国公民享有结社权是宪法赋予的权利。因此，消费者依法成立维护自身合法权益的社会团体，无疑应当受到我国宪法的保护。

消费者为了保护自己的合法权益，依法成立消费者社会团体，组织起来，形成对商品和服务的广泛的社会监督。通过这样的社团组织，使一些侵害消费者利益的行为得到及时处理。通过社会团体，可以指导消费行为，指导消费者提高自我保护意识的能力。因此，这是国家鼓励全社会共同保护消费者合法权益的具体体现。

同时，消费者可以通过依法成立的社会团体，传播有关消费的科学知识，通过调解、申诉等方式及时解决消费纠纷。

十五、我国消费者成立团体权的实现形式

我国从中央到地方都建立了消费者协会。1983 年 5 月 21 日，我国的第一个消费者组织——河北省新乐县（现为新乐市）消费者协会成立。1985 年 1 月 12 日，经国务院批准，我国的全国性消费者组织——中国消费者协会成立。此后不久，各地的消费者组织纷纷建立起来，数量颇为可观。截至 1999 年底，全国内地 31 个省、自治区、直辖市已全部建立消费者协会，县以上消费者协会达 3086 个，消协基层组织网络遍及全国。消协组织网络的建立和发展，为我国保护消费者运动的发展奠定了组织基础。1986 年 3 月 15 日，中国消费者协会在繁华的王府井东风市场举行“3 · 15 国际消费者权益日宣传活动”。这是中国大陆首次庆祝消费者自己的节日。

从此，一年一度的“3 · 15 活动”规模、声势越来越大，形式越来越多，影响越来越广。1991 年 3 月 15 日，全国已成立消协组织的 2000 多个大中城市和县城，同时举行了“3 · 15 纪念活动”。当晚，中消协还首次与中央电视台、中国消费者报社、中华工商时报社联合举办了“3 · 15 消费者之友专题晚会”。

1993 年，全国人大通过的《消费者权益保护法》，赋予了我国消费者组织七项职能。各级消协通过开展“3 · 15 活动”和履行自己的各项职能，成为对商品和服务进行社会

监督的一支重要力量，成为党和政府联系群众的一条重要渠道。

十六、农民消费者需要了解的获得知识权

《中华人民共和国消费者权益保护法》第十三条：消费者享有获得有关消费和消费者权益保护方面的知识的权利。消费者应当努力掌握所需商品或者服务的知识和使用技能，正确使用商品，提高自我保护意识。

农民消费者通过行使获得教育权有权获得的知识包括消费知识和有关消费者权益保护的知识两大类。消费知识一般是指有关商品、服务、市场以及消费心理等方面的知识。获取相应的消费知识，有助于消费者作出正确的消费选择。消费者权益保护知识，一般是指我国法律、法规规定的对消费者权益施以保护的知识。我国法律无论是从实体上还是从程序上，都对消费者权益保护问题作了大量的规定，农民消费者如果具备了这方面的知识，就能自觉地运用法律武器维护自己的权益，与不法经营者进行斗争。

十七、消费者获得知识权的基本内容

1. 农民消费者有权要求国家机关、消费者组织、大众传播媒介以及经营者提供有关消费和消费者权益保护方面的知识。在现代社会，消费是一个广阔的领域，有着许许多多的学问。随着社会经济的发展，物质财富的丰富以及人们眼界的扩展，现代人的消费已不仅仅满足于吃饭、穿衣、住房，而且还要求有丰富的精神消费。即使是吃饭、

穿衣等日常消费，人们也不满足于吃饱、穿暖，吃要讲究味道、营养、保健、方便，穿要讲究质地、款式、花色、得体。面对日新月异的消费变化，任何一个消费者的消费知识都是不完全、有欠缺的。因此，获得有关消费知识，就成为广大农民消费者的必然需求。农民消费者也有权利从各个方面，通过各种渠道获取有关消费知识。同时，农民消费者在与经营者的市场交易中，由于各种各样的原因，其权益总是容易受到经营者的损害。为此，农民消费者也很有必要知悉自己的法定权利以及如何获得保护，从而增强自我保护能力并有效地捍卫自己的法定权利。基于此，法律也赋予消费者以获取消费者权益保护方面的知识的权利。

2. 农民消费者应当努力掌握所需商品或者服务的知识和使用技能，正确使用商品、提高自我保护意识。在消费过程中，消费者应变被动为主动，对所需的商品或者服务有所了解，具备这方面的相应知识。做到这一点，不仅有助于自身权益的维护，而且有助于正确使用商品，充分发挥商品的使用效益以及更好地接受服务。随着现代科学技术的发展，商品和服务中所含的技术成份愈来愈高，对商品的使用者和服务的接受者的要求也愈来愈高。就商品的使用而言，如果不能掌握有关的技能和正确的使用方法，就不能充分发挥该商品的使用价值，甚至对该商品造成不应有的损害。因此，在赋予消费者获得教育权的同时，要求其承担“努力掌握所需商品或者服务的知识和使用的技能，正确使用商品，提高自我保护意识”的义务是十分必要的，于消费者、经营者和社会都有益。现实生活中，有不少事例反映出由于消费者对商品的了解不够、使用不当而致人身伤亡和财产损失的严重后果。作为消费者，对此应引起足够注意。

【案例】不了解商品性能，消费者误用致伤

1994年1月21日，退休职工于某与妻子徐某从百货商场购买国产燃气热水器一台。当天下午，于某的徒弟小赵自带工具、零件帮于某把热水器安好。晚饭后，于某到邻居家下棋，徐某则打开热水器洗澡。洗了一阵，徐某感到身体不适，煤气味很重，接着就头重脚轻摔倒在地，不省人事。于某下棋中间回家喝水，听到洗漱间有“哗哗”的流水声，却听不见人的动静，便打开洗漱间房门，只见妻子躺在地上，房内一股煤气味扑面而来。于某赶紧关了热水器，并叫车把妻子送往医院。经过抢救，徐某才苏醒过来，共花去医疗费、住院费3200元。

消协接到投诉后，即通知燃气热水器的生产厂家前来解决。热水器公司对此十分重视，公司副总经理立即带领技术人员赶来，在听完消协的情况介绍后，又到于某家实地察看了热水器的安装、使用情况，然后表示：“本公司作为该燃气热水器的生产者，对消费者使用中发生的事故深表同情，但这不是本公司的产品不合格所致。这次事故的发生是由于没有按照产品使用说明书和警示标志正确安装、使用造成的。根据使用要求，燃气热水器应当安装在洗漱间的外边，并且通风良好，而不能安装在洗漱间内。尽管本公司对于某家的这次事故没有责任，但出于对消费者的关心，也考虑到于某家的生活困难，我们愿意承担其医疗费的不能报销部分。”从法律上讲，燃气热水器的生产厂家对该损害的发生并无责任，也完全可以不承担赔偿义务。当然，其本着对消费者负责的精神，自愿承担部分损失则在法律上并无不当，且值得赞赏。

十八、农民消费者需要了解的人格尊严权与民族风俗习惯获得尊重权

《中华人民共和国消费者权益保护法》第十四条：消费者在购买、使用商品和接受服务时，享有其人格尊严、民族风俗习惯得到尊重的权利。

在消费领域，消费者的人格尊严权是指消费者在购买、使用商品和接受服务时所享有的姓名、名誉、荣誉、肖像等人格不受经营者非法侵犯的权利。在市场经济条件下，商品生产、销售者和服务提供者的生存和发展，全赖消费者的光顾，同时，消费者消费需求的满足也有赖商品生产、销售者和服务提供者的辛勤劳动。他们之间是一种平等互利的关系，彼此间理应相互尊重。但在我国，由于长期实行计划经济，商品供应短缺，服务设施不足，再加之政企不分，官商合一，其结果是使经营者养成了高人一等的不良心态。反映在对待消费者的问题上，就是不尊重消费者的人格尊严，肆意侵犯消费者的人身权利。这种情况在目前仍然较为突出。

十九、消费者的人格尊严权是怎样实现的

要使消费者的人格尊严权得到充分实现，就必须要求经营者真正视顾客为上帝，培养良好的商业作风。具体而

言，经营者要做到以下三点：

1. 遵纪守法，不得侵犯人身权利

不得以任何借口限制、妨碍消费者的人身自由，不得强行搜查消费者的人身和物品，也不能公开宣扬有损消费者名誉的言论，如商店不能公开张贴告示，限制消费者带包进入自选商场，因为这种做法实质上是把消费者当作潜在的小偷对待，是对消费者人格的公然侮辱。

【案例】超市搜身太恶劣，依法上诉获赔偿

1998 年 3 月 20 日中午，学生蔡某、徐某二人结伴来到某超市购买商品。两人挑选了一些小食品及一瓶价值 4.8 元的好倩牌美容霜，结账后正欲离去时，被商场的 3 名服务员拦住盘查，询问她们是否“拿了”另一瓶同品牌的化妆品而未结账。蔡、徐二人当即明确答复只有一瓶化妆品，并已结账。3 名服务员在没有任何根据的情况下，将她们带进商场经理办公室，进行了长达一个多小时的盘查。期间，商场工作人员除要求两名学生自动交出所“拿”的化妆品外，还迫使蔡某将包打开，进行检查。两名学生对工作人员侵犯其人格尊严的行为表示抗议。一服务员竟说：“你们有什么人格和尊严，老老实实把东西交出来”。在场的一名保安甚至威胁二人：“如不自动交出来，将把你们送交派出所处理。到派出所先挨几电棍，再交罚款。”当蔡、徐二人坚持要去派出所解决时，店主却硬是不去。此时，商场内外有不少围观者，两原告在推推搡搡、呼来喝去的羞辱之中都哭了。从 12 时 40 分到 13 时 50 分，两人被强行扣留了一个多小时。

事件发生后，两原告身心不宁，一直被屈辱的阴影所笼罩，为讨回公道，二人将某超市告上法庭，要求被告向两人各赔偿精神损害费5000元，并赔礼道歉，承担全部诉讼费用。

法庭经过调查后认定：原告诉被告非法搜身、扣留的事实成立，因此，被告的行为构成了对原告人身自由和名誉权的侵害。这一违法行为直接导致了两原告精神上的损害，经法庭调解达成协议，被告当庭向两名原告赔礼道歉，并赔偿精神抚慰金各4000元。

2. 尊重人格尊严

不得以任何方式就消费者所购商品或接受的服务为借口调戏、侮辱消费者，如医生对性病患者可作某些批评、教育，但不得有侮辱性的言词，更不可宣扬病人隐私。

【案例】商场购物遭侮辱，法院严惩经营者

1999年5月8日，李芳和李园姐妹俩到商业大楼购买化妆品。在化妆品柜台前，二人仔细挑选了好几种口红，觉得都不太满意，就把口红还给售货员准备回家。正在转身之际，售货员突然喊道："口红怎么少了两支！你们俩先留下来！"姐妹俩愕然，站在原地，脸臊得通红。李芳反问道："你怀疑我们偷了口红？凭什么？"营业员说："一会儿就知道了！"这时，两位大楼保安人员来到二人跟前，用严厉的口吻说："请过来一下！"说完就把二人带到经理办公室。经理问："两位小姐是不是不小心把口红夹在包里了？"姐妹俩均严辞否认。经理又说："我楼确实丢了两支口红，现在怀疑二位拿了！"说完就示意两位保安把二人带到另一个房间。保安退出后进来两位女工作人员。女工作人员强行翻捡了二人携带的小包，然后又仔细搜查了二人的口袋。结果没有发现藏有口红，于是不冷不热地道声："抱歉！请走！"姐妹俩从房里出来后，楼里顾客纷纷驻足观望，指指点点。姐妹俩感到羞耻难当，精神上受到很大伤害。回到家后，二人向父母讲述了事情经过。父母愤愤不平，向人民法院提起诉讼，要求商业大楼赔礼道歉、消除影响、恢复名誉并赔偿其精神损害。法院审理后认为，商业大楼侵犯了消费者的人身自由和名誉权，给消费者造成了极大的精神痛苦；遂根据《民法通则》和《消费者权益保护法》的有关规定，判令商业大楼在该市日报上连续三天登载道歉声明，并赔偿精神损害费1500 元。商业大楼接受了判决，没有提起上诉。

点评：上述两例都是属于商场非法搜身，严重侵犯消费者人身自由权和名誉权的案例。人身自由是公民最基础的权利。失去了人身自由，其他任何权利都失去了意义。我国宪法因此将人身自由列为公民的基本权利加以严密的保护。宪法第三十七条明确规定："中华人民共和国公民的人身自由不受侵犯。任何公民，非经人民检察院批准或者决定或者人民法院决定，并由公安机关执行，不受逮捕。禁止非法拘禁和以其他方法非法剥夺或者限制公民的人身自由；禁止非法搜查公民的身体。"这一规定表明，只有法律规定的特定国家机关依照严格的法律程序才能剥夺或者限制公民的人身自由；其他任何国家机关、社会组织和个人都无权剥夺或者限制公民的人身自由，无权搜查公民的身体。公民作为消费者时，其人身自由还受《消费者权益保护法》的保护。该法第二十五条作了具体规定："经营者不得对消费者进行侮辱、诽谤，不得搜查消费者的身体及其携带的物品，不得侵犯消费者的人身自由。"上述两案中的经营者作为企业，不是法律规定的特定的国家机关，无权限制公民的人身自由，无权搜查公民的身体。即使的确发现消费者偷了东西，也只能将其扭送公安机关，由公安和司法机关处理，而不得擅自拘禁并搜查消费者的身体和物品。商场在侵犯消费者人身自由的同时，也侵犯了他们的名誉权。所谓名誉，是指民事主体的周围社会对其的看法和评价。上述二例中，商场无故怀疑消费者盗窃，并强行搜查，使不知情者误以为他们确系小偷，从而对其人品产生怀疑，影响了社会对其的正确看法和评价，已经损害了二人的名誉，构成名誉侵权；对消费者人身自由和名誉权的侵犯，主要造成精神损害。对于精神损害，经营者（侵权人）应当承担足以弥补这种损害的民事责任。责任形式一般包括停止侵害、恢复名誉、消除影响、赔礼道歉等非财产责任；除此以外，还应包括精神损害赔偿的财产责任。虽然人身自由、人格尊严和名誉不是商品，难以以金钱计量，但适当的财产补偿可以抚慰受害人，减轻乃至消除其精神痛苦和心灵创伤。因此，对精神损害可以进行物质赔偿。精神损害赔偿的数额，应当根据侵权行为的时间、地点、手段、后果、侵害对象以及侵权人的过错程度等具体情况，加以确定。原则上以能够抚慰受害人精神创伤，并能教育经营者使其引以为戒为限度。上述两案，法院的调解和判决，基本上可以为消费者消除影响，恢复名誉。同时判处的精神损害赔偿额可以抚慰消费者的心灵创伤，是恰当的。

3. 应当尊重消费者的民族风俗习惯

我国是一个多民族的大家庭，除人口占绝大多数的汉族外，还有55个少数民族，由于政治、经济、历史、地理等环境的不同，各少数民族在自己长期的生产、生活过程中，逐渐形成了各具特色的民族风俗习惯。这些民族风俗习惯的延续与受到尊重，直接关系到少数民族的民族感情与民族自尊心。对此，我国《宪法》明确规定："中华人民共和国各民族一律平等。……禁止对任何民族歧视和压迫……各民族都有使用和发展自己的语言文字的自由，都有保持或者改革自己的风俗习惯的自由。"这就以根本法的形式，对少数民族的风俗习惯以尊重和保护。与此同时，国务院在落实党的民族政策方面也做了大量工作，曾在有关会议上强调指出，要加强适应少数民族特需品的生产和供应，要加强符合少数民族风俗习惯的商品的生产和供应，要求有关部门和一些服务单位尊重少数民族的风俗习惯。

现实生活中，少数民族的风俗习惯主要表现在生活习俗、婚丧嫁娶、礼仪服饰、饮食禁忌等方面，其中有些习俗是广大汉族人难以理解或认为大违情理的，但不管如何，我们应对其予以尊重。即使是对某些不良习俗，也不得强行废止，而只能以说服的方式，促使其自愿放弃或加以改革。

在消费领域，消费者的民族风俗习惯获得尊重权，是指少数民族消费者在购买、使用商品或接受服务时，所享有的其民族风俗习惯不受歧视、不受侵犯的权利。作为经营者来讲，少数民族的风俗习惯应予以充分的尊重和理解，在可能的情况下，应尽量满足其带有民族意蕴的特殊要求。

【案例】不尊重少数民族的风俗习惯，是侵权行为。

1996年10月15日，某大学回族学生马某到校外一饭店就餐，他在服务台花钱买了一张牛肉面的票，将票交给伙房后即坐一桌旁等候。几分钟后，饭店服务员将面端上，马某发现端上的是肉丝面（肉丝由猪肉做成）而不是牛肉面，遂问服务员是不是弄错了，服务员回答说牛肉已没有了，肉丝面的价格与牛肉面一样，故给你做的是肉丝面。马某随即提出异议，说自己是回民，不吃猪肉，既然牛肉没有了，那就退钱。饭店不同意退钱，双方遂发生争执。争执过程中，一些顾客站出来主持公道，指责饭店不应强人所难，既然没有人家所要的牛肉面，就该退钱。饭店老板见众怒难犯，只得将钱退还了马某。

回族是我国的少数民族之一，在其长期发展繁衍的过程中，形成了不食猪肉的禁忌，对回族的这一风俗习惯，我们应予以尊重。本例中，马某要的是牛肉面，饭店上的却是猪肉面，其行为本就不对，侵犯了马某的选择权。在马某说明自己是回民，不吃猪肉的情况后，饭店理应尊重其民族习惯，将面撤走，退还面钱。但饭店却不肯退钱，其老板甚至说出有损回民尊严的话，就更不应该了。其行为已违反了《消费者权益保护法》的有关规定，构成了对消费者的民族风俗习惯获得尊重权的侵犯。本案尚未进入法律程序即在其他顾客主持公道下获得了解决。如果本案当时未获解决，马某可依法向消费者协会投诉，也可请求工商行政管理部门予以解决，除可请求赔偿损失外，还可要求其赔礼道歉。

二十、农民消费者需要了解的监督权

《中华人民共和国消费者权益保护法》第十五条：消费者享有对商品和服务以及保护消费者权益工作进行监督的权利。消费者有权检举、控告侵害消费者权益的行为和国家机关及其工作人员在保护消费者权益工作中的违法失职行为，有权对保护消费者权益工作提出批评、建议。

赋予消费者以监督权，在我国具有十分重要的意义。由于众所周知的原因，我国的法制尚不健全，人们的权利意识较为淡漠，执法领域也存在着诸多问题，侵害消费者权益的事件时有发生。要改变这种局面，需要全社会的共同努力，作为消费者来讲则更是义不容辞。赋予消费者以监督权后，农民消费者就可理直气壮地运用法律武器与侵害消费者合法权益的行为作斗争，督促有关部门加强对消费者权益的保护，并可就消费者权益保护工作的有关问题提出自己的看法和建议，从而强化对消费者权益的保护，使农民消费者的权利真正落到实处。

二十一、消费者监督权的实际内容

1. 对商品和服务进行监督。农民消费者在购买、使用商品或者接受服务的过程中，可以对商品的质量、价格等方面的情况进行监督，发现问题可以及时向经营者提出或者向国家有关部门举报。对于已经发生危害或者可能发生危害的商品或者服务，可以要求国家有关部门立即查处。在对商品或服务的监督上，国家有关部门也负有监督之责，但由于这些部门人力、物力的限制，其监督难以顾及到每一个经营者。而消费者的监督则不同，成千上万的消费者无时无刻不在与经营者打交道，经营者的行为也无不置于消费者的眼皮底下，其对消费者的侵害行为也最容易为消费者所发现。因此，农民消费者对商品和服务进行监督，是匡正市场交易秩序，保护消费者合法权益的最有效途径。

2. 对国家机关及其工作人员在保护消费者权益工作中的违法失职行为进行监督。在保护消费者权益方面，国家有关部门（如工商行政管理部门、技术监督部门等）担负着重要的职责，他们工作的好坏，直接关系到这项工作的效果。为促使国家有关机关及其工作人员忠于职守，消费者有权对其工作情况进行监督。这种监督主要表现在：对国家有关部门及其工作人员在执行法律、法规过程中或者在日常工作中忽视消费者权益的行为提出批评；对国家有关部门及其工作人员在处理损害消费者利益的事件时查处不力、敷衍塞责的行为提出批评或质询。

3. 对保护消费者权益工作提出批评和建议。在市场交易过程中，消费者饱尝经营者侵害之苦，对此有着切肤之痛，他们也因此对保护消费者权益工作中存在的问题最有发言权。所以，国家在进行消费者立法或制定消费政策的过程中，应广泛听取消费者的意见，反映消费者的要求。消费者也有权对保护消费者权益工作中存在的问题提出批评，对以后的消费者权益保护工作提出建议。

二十二、消费者监督权在实际生活中怎样才能实现

1. 有关国家机关应自觉接受监督并为消费者监督权的实现提供必要的条件。具体来讲，有关国家机关在制定涉及消费者权益的产业政策、法规时，应充分听取广大消费者的意见；对消费者就消费者权益保护工作中存在的问题所提出的批评、建议，要及时予以答复，并研究改进；对消费者就消费者权益问题的投诉，要依法及时处理，不得推卸责任、置之不理；同时还应健全制度、创造条件，以方便消费者监督权的行使。

2. 经营者应把自己的经营活动自觉地置于消费者的监督之下。在消费领域，经营者应真正把消费者视为"上帝"，充分尊重消费者的合法权益，自觉接受消费者监督，具体而言，经营者在经营活动中应遵守国家的法律、法规和政策，恪守商业道德，树立正确的经营思想，讲求信誉，童叟无欺。同时要提供必要的条件，方便农民消费者进行监督，如主动征询农民消费者对商品或服务的意见，设立投诉电话、信箱，邀请消费者座谈等。

3. 农民消费者在把监督当作一种权利的同时，还应将其作为一种责任，积极主动地行使这一权利。"徒法不足以自行"，法律赋予消费者以监督权，但只有在消费者积极行使这一权利时，它才具备现实的功用，发挥出应有的效能。因此，消费者应在消费过程中主动行使其监督权，

对损害消费者权益的行为予以揭露、批评直至诉诸法律，须知对经营者侵权行为的默认，实际上就是对不法经营者的放纵，对自己权利的放弃。同时，农民消费者的监督不仅可针对损害自己权益的不法行为进行，而且对所有侵害消费者权益的行为都可采取。

【案例 1】美容反遭毁容，消费者行使监督权

1993 年 11 月，某市妇女杨某、白某等 16 人向市消费者协会投诉，她们使用某牌号的特效增白美容霜后，都长时间感到面部皮肤肿胀、烧痛，轻者面部色素沉积，满脸黑斑数月无法消退；重者肤色变黑，伤及真皮，已经无法恢复往日容貌。经市消费者协会初步查明，该品牌特效增白美容霜为本市一乡镇企业生产，产品于数年前通过省级鉴定，并通过报纸、电台、电视台做了较长时间的广告宣传，本市许多商场、商店经销。市消费者协会在调查期间，又陆续接到数十人口头、书面投诉，反映该产品的质量问题。鉴于案情重大，情况复杂，并可能涉及犯罪问题，市消协将该案移送公安机关处理。公安机关接案后，将该品牌特效增白美容霜送交有关部门进行鉴定，结论为：该产品主要成分苯酚（俗称石炭酸，主要用于医疗消毒，低浓度条件下可以抑制皮肤搔痒，高浓度时具有腐蚀作用）含量在 80% 以上，国家标准含量应在 1% 以下，且仅限于在洗发液一类产品中使用。同时，该产品中的有毒成分砷和重金属含量也大大超过国家标准。经进一步侦查发现，该产品制造者名义上是某乡化妆品厂，实际上是郭某编制配方组织生产的。为此，他还私刻公章两枚。公安部门鉴于郭某生产有毒化妆品，利用欺骗手段推销，造成不特定多数人的人身伤害，后果严重，已构成危害公共安全罪，遂将郭某移送人民检察院审查起诉。该案经人民法院公开审理后判决：（1）郭某犯危害公共安全罪，判处有期徒刑10年；（2）没收郭某生产的全部有毒化妆品和非法所得；（3）赔偿杨某、白某等数十名受害消费者的医药费、误工补贴、营养费等费用，由生产者与经销单位各负担一半；（4）设法通知购买本化妆品的消费者于30日内退货，损失由郭某补偿。

本例中，消费者杨某、白某等人受有毒化妆品伤害后，没有自认倒霉就此作罢，而是依法行使监督权，向消费者协会投诉，以维护自己的合法权益和打击不法经营者。本案经消协、公安、检察、法院等机关的调查，终于查出郭某生产有毒化妆品一案，不仅使不法经营者受到了严惩，使自己的合法权益得到了维护，而且避免了更多的消费者受此有毒化妆品之害。本例说明，消费者对法律赋予自己的监督权应积极行使，加强社会责任感。只有这样，才能有力地打击损害消费者权益的不法行为，维护自身的合法权益，实现消费领域的社会公正。

【案例2】

2002年6月12日，周某来到农贸市场，在韦某的个体肉摊以每公斤10元的价格购买猪肉5公斤，合计人民币50元。周某担心少秤，对韦某说："挣工资买肉吃不容易，一定要给够重量呀。"韦某回答说重量保证没问题。周某走出农贸市场后，对肉的重量仍不放心，刚好街上的一个水果摊主是熟人，就用他的台秤称了一下，结果猪肉只有4.5公斤。周某于是回到农贸市场，找到韦某问他称的肉重量到底够不够。韦某说一般情况下是够的，但过秤后，韦某承认是不够。周某遂要韦某去工商行政管理人员执勤点说清楚，韦某执意不去并舞刀威胁，周某只好自己来到工商行政管理人员执勤点。正在执勤点执勤的是工商所副所长汪某，周某将上述情况向汪某陈述了一遍。汪某说："卖肉短秤，补足重量就行了。"周某说："我怀疑韦某的秤有问题，请你去检查一下，而且韦某举刀乱舞，你不去解决不了问题。"汪某坚持不去。无奈之下，周某到县工商局反映了汪某的失职行为和韦某的欺诈行为。县工商局立即指派一名副局长和两名工作人员前往农贸市场处理此事。县工商局在查证真实后，根据《消费者权益保护法》的有关规定，责令韦某补偿周某猪肉0.5公斤，并对韦某罚款100元。对于此次事件中有失职行为的汪某，鉴于群众举报还有其他违法失职问题，经研究决定：责令其停职检查，待问题查清后再作处理。

评析：本案中，个体摊主韦某短斤少两，欺诈消费者，其行为侵犯了消费者周某的公平交易权已构成违法。周某向市场的工商管理人员汪某陈述情况后，汪某即有责任对韦某的欺诈行为进行处理，但汪某敷衍塞责，不履行自己的法定职责，实属违法失职。在此情形下，周某根据《消费者权益保护法》第十五条："消费者享有对商品和服务以及保护消费者权益工作进行监督的权利。消费者有权检举、控告侵害消费者权益的行为和国家机关及其工作人员在保护消费者权益工作中的违法失职行为，有权对保护消费者权益工作提出批评、建议。”周某行使自己的监督权向县工商局举报了韦某的欺诈行为和汪某的失职行为，终于使案件得以圆满解决。由此可见，消费者监督权的有效行使，不仅有助于维护自身的合法权益，而且有助于行政机关改进工作，提高效能。

【案例3】

韩成刚于1993年10月至1994年9月间，先后在一些报刊上发表了一系列矿泉壶有害健康的文章，提醒消费者“慎用”和“当心”，并对相关公司的广告点名进行了批评。后生产矿泉壶的×××公司等以侵害其名誉权为由，向A市中级人民法院提起诉讼。1996年6月，A省高级人民法院终审判决认定，韩成刚从维护消费者权益角度出发，依法行使了舆论监督权，没有侵害×××公司等商家的名誉权。韩成刚继而向B省人民法院起诉×××公司等5被告侵害其舆论监督权，要求被告赔偿4.89万元。但是，B省一审和二审法院均裁定驳回其起诉，理由是A省高级人民法院做出的终审判决，已依法对韩成刚的舆论监督权给予了保护，韩成刚不能就同一事实再次起诉。但韩成刚因被诉所受到的损失却没有得到救济——A省法院并没有支持其损害赔偿的反诉，B省法院也不予支持。

《消费者权益保护法》第6条第2款和第15条对此有明确规定，赋予了消费者以批评监督权，任何消费者在日常消费生活中，发现经营者提供商品或服务不符合国家规定的要求，危害消费者的，都有权提出自己的批评意见。韩成刚作为消费者，针对矿泉壶危害人体健康的问题撰文向社会公众说明，并对×××公司等商家点名批评，这是正当行使消费者监督权的行为。因此，韩成刚以×××公司等5商家为被告起诉其舆论监督权受到侵害，请求赔偿，这是韩成刚应有的权利。遗憾的是，两地的法院都没有能够充分地保护韩成刚的合法权益，值得深省。

第三章　国家对消费者合法权益的保护

一、我国对消费者法律保护的具体内容

依据我国《消费者权益保护法》第四章的规定，国家对消费者合法权益的保护主要体现在以下几个方面：

第一，在立法方面的保护。国家在指定有关消费者权益的法律、法规时，应该听取消费者的意见和要求。此外，立法机关在把保护消费者政策上升为法律时，也应该听取消费者的意见和要求。

第二，在行政管理方面的保护。政府的行政管理工作与消费者权益的保护水平直接相关。各级人民政府应当加强领导，组织、协调督促有关行政部门做好保护消费者合法权益的工作。各级人民政府应当加强监督，预防危害消费者人身、财产安全行为的发生，及时制止危害消费者人身、财产安全的行为。这实际上是对消费者的保障安全权的重点确认和保护。我国《消费者权益保护法》除对各级政府在消费者权益保护方面的义务作出规定以外，还特别

强调政府的一些具体职能部门在消费者权益保护方面的义务。根据该法规定，各级工商行政管理部门和其他有关行政部门，应当依照法律、法规的规定，在各自的职责范围内，采取措施，保护消费者的合法权益。此外，有关行政部门应当听取消费者及其社会团体对经营者交易行为、商品和服务质量的意见，及时调查处理。

第三，在惩处违法犯罪行为方面的保护。对违法犯罪行为有惩处权力的有关国家机关，应当依照法律、法规的规定，惩处经营者在提供商品和服务中侵害消费者合法权益的违法犯罪行为，以切实保护消费者的合法权益。为了及时、有效地惩处侵害消费者合法权益的违法犯罪行为，人民法院应当采取措施，方便消费者提起诉讼。

但是国家为什么要对消费者权益进行特别保护呢？从法律地位上看，消费者与经营者是平等的，作为民事法律关系的双方当事人，他们都受民法的平等保护，并承担相应的民事义务。在此前提下，消费者完全有可能以独立民事主体的身份，维护自身的合法权利，即在权利受到损害的情况下，可以通过必要的手段使之得以恢复。那么，为什么国家还要对消费者的合法权益给以特殊的保护呢？分析其缘由，大致有以下几个方面：

1. 与经营者相比，消费者处于事实上的弱者地位。在现代市场经济体制下，经营者大多是大公司、大企业，组织严密，实力雄厚，而消费者则是孤立的、分散的个体，无论是经济实力、议价能力、识别能力，还是诉讼能力，都难以与经营者相抗衡。尤其是在某些商品或服务还处于“卖方市场”的条件下，消费者与经营者的交易行为不可能实现真正的平等。事实上，在消费领域有许多商品的出售或服务的提供都采用格式合同的方式进行，合同条款事先由经营者拟定，消费者要么全盘接受，要么全盘拒绝，而无丝毫协商的余地。消费者出于消费的需求，对格式合同往往无从选择，只能全盘接受。而这种由经营者事先拟定的格式合同难免会从经营者的利益出发，作出对经营者有利的规定，从而使消费者的利益受损。所以，消费者事实上的弱者地位，就需要国家运用国家权力对其给予特殊保护，以实现社会公平。

2. 消费者受消费知识的局限，其合法权益易遭经营者损害。现代科技发展日新月异，商品种类层出不穷，服务方式新招不断，消费者受消费知识的局限，往往感到无所适从，只能跟着广告走，跟着感觉走，而难以作出正确的消费选择。经营者则不然，他们对自己的商品和服务最为了解，对其优劣了然于胸，但从自身的商业利益出发，他们往往尽展所长而掩其不足，甚至弄虚作假、胡乱吹嘘，给消费者以误导。所以，消费者在纷繁复杂的消费领域，由于对商品或者服务难以进行深入的了解，故其合法权益极易为经营者所损害。这样，国家就有必要运用国家权力给权益受损的消费者以特殊保护。

3. 是我国的消费者组织不发达，社会保护乏力。由于各种因素的影响，尽管我国法律赋予了消费者结社权，但广大消费者对这一权利的行使却不是很积极。到目前为止，我国除带有明显官方性质的各级消费者协会外，直接由消费者组织的民间消费者团体很少，这就使消费者权益的社会保护难以发挥出其应有的功能。而在其他市场经济国家，消费者自己组织的社会团体十分发达，一旦出现消费者权益受损的事件，消费者团体就会立即作出反应，给受害消费者以声援和支持，从而使受害消费者获得强有力的社会保护。从我国的现有情况看，消费者的社会保护在近期内还难以有大的进展，为弥补消费者社会保护乏力这一缺陷，就需要强有力的国家保护予以填补，进而使消费者的合法权益得到切实维护。

4. 我国目前的市场机制尚不健全，市场功能的发挥尚不充分。我国目前还处于经济转轨的过程中，一方面，计划经济的坚冰已被打破，原有的体制已丧失其功能；另一方面，完善的市场机制还没有完全建立起来，其功能发挥尚不充分，这就难免在一定的时期内，经济领域出现紊乱和无序。在这种紊乱和无序中，消费者的合法权益最容易受到损害。如我国目前经济领域出现的不正当竞争，虚假广告，垄断性经营，假冒他人商标，产品质量低劣等情况，都直接或者间接地损害了消费者的利益。在此情况下，国家有责任也有义务给消费者以特殊保护，防止经营者损害消费者权益事件的发生，或者在这类事件发生后给消费者以有效保护。

国家对消费者合法权益给以保护，是我国《消费者权益保护法》的一个重要原则，也是该法的主要特征之一。其基本含义是指：国家站在公正的角度，运用国家权力对消费者给予保护，对损害消费者合法权益的行为进行制裁。国家对消费者合法权益予以特殊保护，体现了国家对消费者的关心，同时也是在消费领域实现社会公正的一个重要举措。

国家对消费者合法权益保护的措施有哪些呢?《消费者权益保护法》第5条规定："国家保护消费者的合法权益不受侵犯。国家采取措施，保护消费者依法行使权利，维护消费者的合法权益。"这是国家对消费者权益给予保护的法律表述。为使这一规定落到实处，《消费者权益保护法》第四章以专章的形式，就国家对消费者合法权益保护的具体措施作了规定。

二、有关政策立法和制定时需要听取消费者的意见和要求

《消费者权益保护法》第二十六条：国家制定有关消费者权益的法律、法规和政策时，应听取消费者的意见和要求。

在农民朋友的生活中，要使有关农民消费者权益的法律、法规和政策真正体现消费者的意见和要求，必须从以下两个方面努力：

1. 立法机关和政策制定机关要主动地、有意识地通过一定的形式广泛征询农民消费者的意见。如召开消费者座谈会；在有关消费者权益的报纸、杂志上开辟消费者论坛；就有关消费者权益保护问题向消费者作问卷调查；有关国家机关设立消费者接待日，接待消费者的来访；将草拟的有关消费者权益保护的法律、法规条文和政策在相关的传媒上公布，征询农民消费者的意见和建议；等等。总之，有关

的立法机关和政策制定机关要抱着对农民消费者高度负责的精神，广开言路，尽可能地将农民消费者的意见和要求收集起来，并在立法和政策的制定过程中充分反映。

2. 农民消费者本身对如何制定有关消费者权益的法律、法规和政策要有一种责任感和使命感。有关农民消费者权益的法律、法规和政策的制定，涉及到每一个消费者的切身利益，农民消费者对此应有一种强烈的参与意识，应自觉地把自己的意见和要求向相关的国家机关表达出来，而不能认为这仅仅是国家机关的事而漠然处之。不过在此应指出的是，由于种种因素的影响，我国公民的立法参与意识普遍较淡，同时，下情上达的渠道也有欠通畅，这就在一定程度上影响了法律、法规和政策中民意的体现。对此，我们应有一个客观的认识，并在以后的工作中努力加以解决。

【链接】

《中华人民共和国消费者权益保护法》的制定经过：

1985 年，根据全国人大代表提出的议案、建议和广大消费者的普遍要求，国家工商行政管理局组织力量，着手研究起草消费者权益保护法。起草小组收集和分析了国内外有关消费者权益保护立法的资料和一些典型案例，广泛征求国务院各有关部门、最高人民法院、最高人民检察院以及地方各级工商行政管理局、消费者协会、有关专家和广大消费者的意见，召开了 4 次较大规模的论证会，并派人赴美国、英国、荷兰等国考察。在此基础上，经过认真研究、反复修改、数易其稿，终于于 1993 年初完成了

《消费者权益保护法》(送审稿),并于同年3月底报请国务院审议。此后,国务院法制局又书面征求了中央、地方有关部门和有关专家的意见,并召开了论证会,反复与国家工商行政管理局研究修改,形成了《消费者权益保护法(草案)》,经国务院审议通过后上报全国人大常委会。1993年10月31日,第八届全国人民代表大会常务委员会第4次会议审议通过了这一法律草案,并定于1994年1月1日起施行。该法共8章55条,8章依次为:总则、消费者的权利、经营者的义务、国家对消费者合法权益的保护、消费者组织、争议的解决、法律责任、附则。

《中华人民共和国消费者权益保护法》的制定,是我国消费领域的一件大事,对消费者而言则是一件喜事。该法第一次以法律的形式赋予我国消费者以广泛的权利,同时全面规定了经营者对消费者应尽的义务。从该法的制定过程来看,它的缘起是广大消费者的迫切要求,它的内容体现了广大消费者的意愿,同时也有大量的消费者参与了这一法律的制定过程。完全可以说,我国《消费者权益保护法》的制定,是在广泛征求消费者意见、听取消费者要求的基础上进行的,充分体现了广大消费者的意愿。

三、各级人民政府对消费者合法权益保护工作的开展

《中华人民共和国消费者权益保护法》第二十七条:各级人民政府应当加强领导,组织、协调、督促有关行政部门做好保护消费者合法权益的工作。各级人民政府应当加强监督,预防危害消费者人身、财产安全行为的发生,及时制止危害消费者人身、财产安全的行为。

各级人民政府是我国国家机构的重要组成部分，根据我国《宪法》的规定，中央人民政府和地方各级人民政府依照法律规定的权限，管理全国和本行政区域内的经济、教育、科学、文化、卫生、体育、城乡建设事业等各项工作。由于各级人民政府工作内容广泛，它不可能直接对消费者权益保护工作进行管理，故它对消费者权益保护工作主要是进行领导和监督。对此，我国《消费者权益保护法》第27条明确规定："各级人民政府应当加强领导，组织、协调、督促有关行政部门做好保护消费者合法权益的工作。各级人民政府应当加强监督，预防危害消费者人身、财产安全行为的发生，及时制止危害消费者人身、财产安全的行为。"

四、各级人民政府有责任保护消费者的合法权益

《中华人民共和国消费者权益保护法》第二十八条：各级人民政府工商行政管理部门和其他有关行政部门应当依照法律、法规的规定，在各自的职责范围内，采取措施，保护消费者的合法权益。有关行政部门应当听取消费者及其社会团体对经营者交易行为、商品和服务质量问题的意见，及时调查处理。

1. 工商行政管理部门怎样保护消费者的权利？

工商行政管理部门是国家对经济进行行政性监督和管理的机关，同时也是国家行政监督部门中消费者权益的主要保护机关。根据《消费者权益保护法》及其他有关法律、法规的规定，工商行政管理部门在保护消费者权益方

面的职责主要是：(1) 加强企业登记管理，对企业的经营方向和经营情况进行经常性的监督、检查，制止违法经营。(2) 加强市场监督管理，积极查处那些掺杂使假、短斤少两、以次充好、以假充真等市场违法行为，保证市场交易的公正、顺利进行。(3) 加强商标监督管理，严厉打击商标领域的违法行为，防止假冒伪劣产品流入市场。(4) 加强广告监督管理，防止和追究虚假广告和其他广告违法行为。(5) 加强对经济合同的监督管理，促使企业重合同，守信誉，保证商品或服务质量。(6) 加强对个体工商业的管理，对个体工商业中存在的经营作风恶劣、投机取巧、见利忘义等违法行为进行打击，以净化市场。(7) 加强经济监督检查，坚决打击和查处投机倒把、诈骗等违法犯罪活动，特别是对制售冒牌商品、伪劣商品、掺杂使假、偷工减料、垄断货源、欺行霸市、哄抬物价、扰乱市场等严重损害消费者合法权益的行为予以坚决打击。

2. 质量技术监督部门怎样保护消费者的权利？

技术监督部门是国家管理标准化、计量、质量工作的政府职能部门。技术监督部门的工作与消费者权益保护密切相关。根据《产品质量法》等有关法律、法规的规定，技术监督部门在保护消费者权益方面的职责是：(1) 对产品质量实施监督，重点放在涉及人身安全和健康的产品、关系国计民生的重要产品、同消费者日常生活关系密切的产品上。比如2001年国家质检总局颁布了《室内装饰装修材料10项有害物质限量》规定，根据此项规定，从2001年1月1日起，生产企业就不得生产有害物质如甲醛等超标的室内装修材料，半年后，则市场开始禁售。(2) 对标准化工作实施监督。通过制定一系列产品质量标准、卫生和安全标准，保障产品质量和消费者的健康、安全。(3) 对计量工作实施监督。计量公正是保护消费者合法权益不受侵犯的一个重要内容。计量监督主要是：建立计量基准器具、计量标准器具并实行计量强制检定；对制造、维修、销售、使用计量器具进行监督管理；进行计量认证，组织仲裁检定，调解计量纠纷；对违反计量法规的行为进行处理。

3. 卫生监督部门怎样保护消费者的权利？

卫生监督部门是国家对涉及人们的饮食、保健、医疗等方面进行卫生管理的政府职能部门。卫生监督部门在保护消费者合法权益方面的职责是：(1) 对食品卫生实施监督。(2) 对药品的生产经营实施监督。

卫生监督局主要依据《传染病防治法》、《食品卫生法》、《职业病防治法》、《公共场所卫生管理条例》、《放射性同位素与射线装置安全防护条例》、《化妆品卫生监督条例》、《学校卫生工作条例》等卫生法律法规，对城市的食品、化妆品、消毒产品、涉及饮用水卫生安全产品等健康相关产品的生产经营行为和公共场所、有毒有害生产企业、学校、放射性同位素和射线装置的生产使用单位、集中式和二次供水单位及传染病卫生、医疗卫生机构（包括预防保健、采供血机构）实施卫生监督管理。主要包括：负责食品、化妆品、涉及饮用水卫生安全产品、消毒产品等健康相关产品及生产企业卫生许可的申请受理、初审上报和批准后证书发放等工作；负责公共卫生、健康相关产品、医疗卫生机构卫生监督工作；组织现场监督检测、采样；组织卫生监督执法检查，定期向社会通报卫生监督结果；对卫生污染、中毒事故等重大、突发事件进行调查取证、采取必要的控制措施，并提出处理意见；对违反卫生法律、法规的案件，开展调查取证，提出行政处罚建议和处理意见；负责对卫生监督执法的投诉、举报的受理和查处工作；负责城市卫生监督信息的收集、整理、分析和报告工作；开展卫生法律、法规知识的宣传教育和咨询服务工作；对新建、扩建、改建工程的选址、设计进行卫生审查和竣工验收；参与有关卫生法律、法规、规章立法的调研、论证和起草；承担城市卫生局交办的其他任务。

4. 物价管理部门怎样保护消费者的权利？

物价管理部门是国家对商品价格和服务收费进行监督管理的政府职能部门。物价，是消费者十分敏感的一个问题，直接关系到消费者的财产权益。物价管理部门在保护消费者合法权益方面的职责是：（1）进行价格改革，理顺价格关系。（2）加强对物价的管理与控制，保持物价基本稳定，安定人民生活。（3）加强对物价的监督检查，制止乱涨价、乱收费现象，查处价格方面的违法行为。

5. 进出口商品检验部门怎样保护消费者的权利？

进出口商品检验部门是国家对进出口商品进行检查、监督的政府职能部门，简称国家商检局，主管全国进出口商品检验工作。商检部门在保护消费者合法权益方面的职责是：按照国家授权，依法对进出口商品进行检验，以保证进出口商品的质量。其具体做法是：国家商检部门根据对外贸易发展的需要，制定、调整并公布《商检机构实施检验的进出口商品种类表》。列入该种类表的进出口商品和其他法律、法规规定须经商检机构检验的进出口商品，必须经过商检机构检验。未经检验的进口商品，不准销售使用；出口商品，不准出口。

五、法律对于经营者侵害消费者合法权益的违法犯罪行为的有关规定

《中华人民共和国消费者权益保护法》第二十九条：有关国家机关应当依照法律、法规的规定，惩处经营者在提供商品和服务中侵害消费者合法权益的违法犯罪行为。

根据经营者侵权行为的性质，可把其分为一般侵权行为和犯罪两大类：

1. 对经营者一般侵权行为的处罚。

在大多数情况下经营者侵害消费者合法权益的行为都属一般侵权行为，亦即这些行为虽然违反了有关法律、法规，但尚未触犯刑律，构成犯罪。对于经营者的这种一般侵权行为，除应责令经营者对受害人承担民事责任外，有关行政机关还应视情况给予相应的行政处罚使其受到应有的制裁。

【案例】省物价检查所对物价违法者依法查处

1995 年 11 月，某省进行物价大检查。省物价检查所派员对省儿童医院 1995 年 1 月至 10 月医疗收费的情况进行检查。经查发现，该院有自立收费项目。其中 1995 年 1

月至10月间向住院病人每人每天加收棉签费1元，共多收金额15969元；7月至10月间向住院病人每人收取加床费10元，共多收金额62580元。两项合计78549元。在查证落实的情况下，省物价检查所根据《价格管理条例》的有关规定，对省儿童医院作出如下处罚：（1）没收儿童医院收取的加床费与棉签费非法所得共计78549元，全部上缴国库；（2）责令省儿童医院对医疗收费进行清理，凡未按收费审批权限批准的收费要立即停止，对确需收费的项目，要按审批程序报批后方能执行；（3）罚款2万元，上缴国库。

本例中，省儿童医院自立收费项目，向患者收取不合理的费用，其行为已侵害了消费者的合法权益，应向受害消费者承担民事责任，亦即应将不合理收费退还给患者。但鉴于本例中受害者人员分散，退还难度较大，故将其作为儿童医院的非法所得予以没收是适当的。同时，省儿童医院违反物价法规，自立收费项目，其行为已构成重大的价格违法行为，省物价检查所对其处以2万元的罚款是符合法律规定的，体现了对物价违法行为的否定评价。

2. 对经营者犯罪行为的处罚。

所谓犯罪，是指危害社会，触犯刑律，依法应给予刑事制裁的行为。较之一般违法行为，犯罪的性质更为恶劣，危害更为严重，故对犯罪的处罚也就更为严厉。根据我国《刑法》的规定，对犯罪者可处以管制、拘役、有期徒刑、无期徒刑或者死刑，在判处上述主刑的同时，还可处以罚金、没收财产和剥夺政治权利。可见，我国法律对犯罪的处罚是最为严厉的，直至可以剥夺犯罪者的生命。

在消费领域，侵犯消费者合法权益的犯罪行为也经常发生，如有的生产伪劣食品，危害消费者的人身健康和安全；有的制造、贩卖假药，视消费者生死于不顾；有的假冒他人注册商标，扰乱市场秩序，坑害消费者；有的制作、贩卖淫书、淫画，给消费者以精神毒害。对消费领域的犯罪行为，尤其是对危及消费者人身健康和安全的犯罪行为，应运用刑罚手段予以严惩，以保护消费者的合法权益不受侵犯。

【案例】大量制售伪劣药品，直接责任者被重判

2001 年 7 月 18 日，最高人民法院向全国通报了湖南长沙市的一起特大制造假药案。据查明，自 1997 年 9 月开始，被告鞠春香便伙同何玲、潘彦、朱卫平等人，生产假冒溶栓胶囊、复方甘草片和吗叮啉，并将其生产的溶栓胶囊、复方甘草片分别交给邱慧凌、黄中球等人销售，销售金额近 48 万元。同时，鞠的丈夫张志明也购买制假设备，参与共同生产假冒的溶栓胶囊、吗叮啉，并将溶栓胶囊销售，获得销售金额 35 万余元。而邱慧凌除销售假药外，还生产假冒硫酸阿米卡星注射液 92 件。1999 年 10 月 9 日，邱慧凌在销售假药时被公安机关当场抓获。次年 3 月 23 日，其余 3 名被告人落网。一审对 4 名被告分别判处有期徒刑 6 年、4 年、3 年和 3 年，并分别处罚金 40 万元、30 万元、20 万元和 20 万元。追缴鞠、张违法所得 24.34 万元，追缴邱、黄 7.74 万元和 3.42 万元。判决后，被告人张志明、黄中球不服，上诉至长沙市中级人民法院，中院经合议后认为，原审法院一审事实清楚，决定不开庭审理，并据此作出“驳回上诉，维持原判”的终审判决。

六、农民朋友需要了解人民法院对于提起的诉讼的法律规定

《中华人民共和国消费者权益保护法》第三十条：人民法院应当采取措施，方便消费者提起诉讼。对符合《中华人民共和国民事诉讼法》起诉条件的消费者权益争议，必须受理，及时审理。

我国的法院系统由最高人民法院、地方各级人民法院和专门人民法院组成，其中地方各级人民法院包括高级人民法院、中级人民法院和基层人民法院。在方便消费者提起诉讼上，基层人民法院有着特殊的作用，根据《人民法院组织法》的规定，基层人民法院可以设立刑事审判庭、民事审判庭、经济审判庭和行政审判庭。另外，为了方便人民群众诉讼，基层人民法院可以根据地区、人口和案件的情况，设立若干人民法庭。人民法庭是基层人民法院的组成部分，它的判决和裁定就是基层人民法院的判决和裁定。在方便消费者提起诉讼方面，一些地方的基层人民法院已作出了有益的尝试，并取得了良好的效果。

【链接】南京成立保护消费者权益法庭，四川成立物价巡回法庭：

消费者权益纠纷大多是数额不大、标的较小的民事争议，为一双鞋、一把伞、一瓶酒或一袋化肥而告上法庭，对消费者而言不得不三思而行，不要说时间、精力的付出，单就那繁琐的程序，就够消费者折腾的。故许多消费者在合法权益受侵害后，往往忍气吞声，真正告上法庭的

并不多见。针对这种情况，南京市秦淮区人民法院依照《消费者权益保护法》的有关规定，于 1994 年 3 月成立了全国第一个“保护消费者合法权益法庭”，简化程序，方便诉讼，重点审理生活中没人管或管不了的消费纠纷。此举在南京大受消费者欢迎。

1994 年，四川省旺苍县市场上的生产资料和群众生活必需品价格上涨过快，群众反映强烈。物价部门依照国家物价管理法规进行监督管理，却遇到多方干扰，执法难度很大。为此，旺苍县人民法院成立物价巡回法庭，把国家法律赋予法院的强制手段与物价部门的行政执法手段结合起来，依法治价，制止和打击少数经营者欺行霸市、哄抬物价的不法行为。物价巡回法庭成立后，旺苍县的市场乱涨价的情况大为收敛，一些违反国家价格政策、法规的经营者，自觉到物价部门接受处罚。

这里还需明确的是，人民法院审理消费者权益纠纷案件，一般按民事诉讼程序进行。对情况复杂，争议较大的消费者权益纠纷，人民法庭应按普通程序进行审理；对事实清楚、权利义务关系明确、争议不大的消费者权益纠纷，人民法院可适用简易程序。与普通程序相比，简易程序具有五个特点：一是起诉方式简便，以口头起诉为原则；二是审理案件的日期简便，可以当即审理，也可另定日期审理；三是传唤当事人、通知证人的方式简便，打电话、广播、托人捎口信均可；四是法庭组成简便，一般实行独任制，由审判员一人独任审判；五是开庭审理的程序简便，由审判员灵活掌握。从方便消费者提起诉讼这一目的出发，人民法院对消费者权益纠纷案件，在可能的情况下，应尽量采用简易程序，以节省时间，减少讼累。

【案例】适用简易程序，3 小时解决纠纷

1995 年 7 月初，浙江省某县农民吴某从县农机公司购入一辆福建产农用运输车。到车管所上牌照时，被告知此种车辆不能上牌照，因为公安部 1993 年 5 月 13 日第 12 号令规定：农用车发动机功率不得大于28 千瓦。而该型号农用车的发动机功率为 51.5 千瓦，农机公司在出售该车时对此并未预先声明。因无法上牌照，吴某遂到农机公司要求退货，但农机公司不予理睬，双方发生争执。吴某一气之下，当即跑到县法院口头起诉，要求农机公司退货。法院工作人员听完吴某述说后，认为案件事实清楚，权利义务明确，可适用简易程序审理，当即随吴某一起到农机公司进行处理。经调解，吴某很快与县农机公司达成了退车还款的协议。该案从争执发生到处理完毕，仅用了 3 个小时。

本例案情简单，事实清楚，人民法院运用简易程序进行审理是正确的。仅用 3 个小时就解决了一个案件，真可谓及时迅速，节省了时间，减少了讼累，提高了效率，值得称道。其实，许多消费者权益纠纷案件都类似这种情况，人民法院如适用简易程序可迅速审结。

七、我国法律制度的完善需要的基础条件

1. 完善相关立法，尤其是服务领域的相关立法力度。在实体法方面，我国虽然已先后颁布了一系列保护消费者权益的法律法规，如《商标法》、《食品卫生法》、《药品管理法》、《环境保护法》、《广告法》、《产品质量法》、《消费者权益保护法》等，但是涉及服务领域保护消费者

权益的法律法规却很少。而且有些法规和条例在实践中缺乏一定的协调力，法律效力也不高，对损害消费者权益的案件处理和打击的力度不够，威慑力不足。

2. 加强行政职能部门的协作和配合，做到以较少的社会投入，更好地保护消费者权益。

3. 加强新闻监督。借助广播、电视、报刊等新闻媒介，定期对产品质量抽检结果进行曝光，充分发挥新闻媒介的监督作用，形成强大的舆论威慑力量。实行举报有奖制度；发动社会组织和广大消费者，积极参与市场监督检查。

4. 抓紧制订消费者援助制度。

【链接】当前我国法律援助的申请条件：

（一）公民对下列需要代理的事项，因经济困难没有委托代理人的，可以向法律援助机构申请法律援助：

一、请求国家赔偿

二、请求给予社会保险待遇或者最低生活保障待遇

三、请求发给抚恤金、救济金

四、请求给付赡养费、抚养费

五、请求支付劳动报酬

六、主张因见义勇为行为产生的民事权益

（二）刑事诉讼中有下列情形之一的，公民可以向法律援助机构申请法律援助：

七、犯罪嫌疑人在被侦查机关第一次询问后或者采取

强制措施之日起，因经济困难没有聘请律师的；

八、公诉案件中的被害人及其法定代理人或者近亲属，自案件移送审查起诉之日起，因经济困难没有委托诉讼代理人的；

九、自诉案件的自诉人及其法定代理人，自案件被人民法院受理之日起，因经济困难没有委托诉讼代理人的；

十、公诉人出庭公诉的案件，被告人因经济困难或者其他原因没有委托辩护人，人民法院为被告人指定辩护时，法律援助机构应当提供法律援助；

十一、被告人是盲、聋、哑人或者未成年人而没有委托辩护人的，或者被告人可能被判处死刑而没有委托辩护人的，人民法院为被告人指定辩护时，法律援助机构应当提供法律援助，无须对被告人进行经济状况的审查。

第四章 消费者组织

一、消费者协会的概念

《中华人民共和国消费者权益保护法》第三十一条：消费者协会和其他消费者组织是依法成立的对商品和服务进行社会监督的保护消费者合法权益的社会团体。

消费者组织是消费者运动的产物。据研究，1844 年英格兰北部罗奇代尔市成立的消费者合作社，是现代意义上的第一个消费者组织。美国于 1898 年出现了地区性的消费者组织，并于 1936 年建立了世界上第一个全国性的消费者组织——美国消费者联盟。该联盟是一个非盈利性的民间组织，它在全国设有许多分部，经费来源于会费、出版发行消费者保护刊物和社会赞助。继英国、美国之后，其他工业化国家的消费者组织也发展迅速。从世界各国消费者组织的情况来看，大部分属民间性社团组织，少数是半官方半民间的。这些消费者组织尽管其举办主体、经费来源、活动方式各有不同，但都有以下一些共同特点：(1) 都以维护消费者权益为宗旨，不经商不谋利；(2) 都有自己的会员，且绝大多数是消费者个人，有些则是消费者选出的代表；（3）都与国家行政、司法和新闻舆论机构保持着紧密联系。

各国消费者组织作为以维护消费者权益为宗旨的社会团体，其维护消费者权益的方法主要是：（1）调查核实有关消费者权益纠纷，促使消费者与经营者双方协商或配合有关方面进行仲裁，使纠纷得以公正解决；（2）对市场上的商品进行抽检，并将抽检结果向社会通告，对抽检中发现的有关问题提请政府加以解决；（3）帮助消费者进行诉讼，对经营者违反法律、法规损害消费者利益的行为，消费者组织或支持消费者起诉或代表消费者起诉；（4）创办各类刊物，介绍商品质量情况，提供市场信息和商品知识，反映消费者呼声，解答消费者问题；（5）开展消费教育，利用展览、讲座、咨询等方式传播消费知识，提高消费者的自我保护意识，增强消费者抵御侵害的能力。

我国从 1983 年开始，消费者组织发展迅速，不仅于 1985 年建立了全国性的消费者组织——中国消费者协会，而且全国地都普遍建立了消费者组织——各级消费者协会。到目前为止，我国县以上消费者协会已超过 2000 个，在街道、乡镇、大中型企业中建立了各种形式的保护消费者权益的社会监督网络 25000 多个。

从我国各级消费者协会的组织来看，它一般由工商行政管理部门发起设立，挂靠在同级工商行政管理局。其领导机构为理事会，理事由有关部门和社会各方面的代表协商产生。理事会设名誉会长和会长，名誉会长一般由同级人大常委会的主要领导担任，会长一般由同级工商行政管理局的主要领导担任。在理事会下设秘书长和副秘书长，主持日常工作。常设的办公机构有：办公室、普法教育部、投诉处理部、消费指导部等。办公机构的编制、经费、人员及办公设施等，主要由同级工商行政管理局解决。

【链接1】美国消费者保护组织概况：

在美国，消费者受保护程序是很高的，这主要源于美国消费者行政保护机构和民间消费者保护组织的密切配合。

1. 联邦政府和地方政府的消费者保护机构。在美国，保护消费者的主要由联邦政府承担，联邦政府又依据法律将这一职责分由许多行政机构来承担：

(1) 联邦贸易委员会（Federal Trade Committee）：它是美国政府中设立最久的消费者保护机构，简称FTC。机构设立之初是为了行使国家的反托拉斯法。FTC执行其保护消费者任务的方式有：出版消费者咨讯、教育消费者、处理消费者申诉信件、展开调查，采取法律行动和制定交易规则，其中以“制定规则”最具威力，它可具有与法律同等的效力，以规范各行业的效益行为。FTC保护消费者的职权比较广泛，可以直接受理消费者的控告；可以依法禁止某些商品进入市场，令其停止生产、取消订货；可以销毁或没收违禁商品并对违禁者处以3倍于商品价值的赔偿金；可以向违反者征收罚金；还可以向国会报告重大事件等。

(2) 消费者产品安全委员会（Consumer Products Safety Committee）：它是美国权力最大的消费者保护机构，也是最严厉的机构，简称CPSC。CPSC的职责是保护消费者免遭不安全产品的损害，它管理着1万种以上不同类产品。CPSC一旦发现有某种商品发生危险的频率较高，就立即采取行动，或提醒消费者注意。它有权禁止不安全产品的出售或取消其出售权，并使购物者收回货款；它有权向法院起诉，以便查封有害产品，向公众通报等，必要时可制定产品安全标准等。

（3）联邦食品和药物管理局（Federal Food, Drug Administering Authority）：它是美国目前最大规模的消费者保护机构，简称FDA。在保护消费者利益方面，它的工作可能超过其他任何机构。FDA主要负责食品、药品和化妆品的安全性、纯净度及加贴标签工作。据估计，消费者费用支出中38%的商品属此类商品。该局有权为多数食品订立标准，如果含有有害细菌的食品一经发现，食品和药物管理局立即着手调查，寻找根源，禁止该商品出售，还通过传播媒介发出通告，它还管理药品市场。

（4）白宫的消费者事务办公室：此办公室负责协调联邦的消费者保护活动。其工作包括进行调查，与消费者团体、企业界团体、联邦与州官员会谈，出版消费者咨讯。

（5）其他联邦机构：农业部负责肉类食品的检验、航空局主管飞机安全方面问题等。

地方上，每个州都设有某种形式的消费者保护办公室，其中最常见的是隶属于州检察长办公室的消费者保护办公室。每个州也都有小额赔偿法庭或消费者法庭，以简单的程序及便宜的费用来处理消费者争议问题。

2. 民间保护消费者组织。

（1）消费者协会：1891年纽约市成立了世界上第一个

消费者协会，1936年美国成立全国性的消费者保护的民间组织——消费者联盟，该联盟积极开展产品检验工作并将各类像电、化工、汽车、食品等检验结果在《消费者报道》杂志上公布。该联盟也把相当一部分力量用来指导和组织消费者运动，鼓励消费者为之提供资金，举办消费者问题会议，在政府意见听取会上提供专家证明等。

（2）良好企业社：良好企业社在美国也是著名的为消费者提供保护的私营组织，简称BBB。它是由公司企业组建起来并资助的非赢利的社团，其目的是保护讲职业道德的公司和消费者免受不讲职业道德的公司的伤害。这类机构主要为消费者提供购买信息，帮助消费者核查公司的信誉，帮助消费者解决他们对公司的投诉等。良好企业社建立"曾遭投诉公司"的档案，随时向广大消费者提供信息，当你不了解一家公司而又与之打交道时，最好先向BBB打听该公司的信誉。

【链接2】德国消费者保护组织概况：

在德国没有官办的保护消费者机构。德国的消费者为了维护自身利益，建立了许多消费者组织。虽然这些组织都是私营性质的，可是它们大都接受联邦政府或州政府的资助，这是德国消费者组织与其他西方消费者组织的显著区别。

1. 消费者协会：这是以波恩为总部的伞形组织，所有代表消费者权益的组织均为其成员。其主要职能是向议会和政府表达消费者的愿望和要求，向联邦政府和欧共体有关机构就消费者保护事宜提供咨询意见。它有250多个咨询服务机构遍布于全国各地，担负起主要日常咨询服务工作。此外，当消费者与厂商发生纠纷时，其充当调解和仲裁角色，一方面是协调各咨询中心工作，另一任务是及时向政府和议会反映消费者愿望和要求。

2. 消费者保护协会：该协会设在柏林，除咨询任务之外，其主要任务就是在厂商损害消费者普遍利益时，向法院提起集体诉讼。

3. 消费者研究所：建立于1978年，其职能是通过研究报告，为政府提供制定保护消费者权益的法律及措施的依据，为对消费者教育准备各种资料及为从事消费者保护工作的咨询人员和记者提供各种形式的培训。

4. 全德汽车俱乐部：全德汽车俱乐部是德国最有影响也是最有成效的消费者组织，其成员是近千万的汽车主。它对汽车制造商的检验程序和适用的安全规则等方面施加了巨大的影响，它还参与了一段购买汽车及维修汽车的标准合同的起草工作。

5. 商品测试基金会：这是由联邦政府于1964年在西柏林建立的一个私营基金会。尽管这是一个民间组织，但该基金会自成立起一直得到政府的大力支持，年度预算的40%—60%来源于政府财政拨款，仅近几年中每年的资助就高达1300万元马克。然而政府不直接干预其日常活动。这就是其区别于世界上绝大多数国家类似机构的最显著特点。

商品测试基金会的主要职能是对德国市场上的各类消费品（包括住房、汽车）进行不定期抽检，其测试结果和消费者的建议发表在《测试》月刊上。由于其测试数据可靠，其测试报告不但是消费者的消费指南，常常还成为法院判决的参考依据。现在德国商店出售的耐用消费品上，常可见到一种标签，上面印着“Test ：gut”（测试结果：好）或“Test：sehr gut”（测试结果：很好），以表明该产品经过商品测试基金会的对比测试，请顾客放心。

商品测试基金会的工作对消费者保护运动发挥了积极作用，但亦曾引起过一些意外的法律纠纷。一些制造商和进口商因其被认为质量不佳，便对测试结论表示异议，指责该机构诋毁其商品信誉，要求追究基金会民事责任。然而，1975 年德国联邦法院的判决指出，“测试标志应被视为产品价值的判断，而非事实的陈述，只要测试机构及测试程序是客观的，中立的和专业化的，就不会发生民事责任问题”。联邦法院的这个判决意义深远，为商品测试基金会的客观、中立的比较测试创造了良好的法律环境。

【链接 3】 日本消费者保护组织概况：

日本的消费者组织的体系比较健全，官方机构的最高机构是消费者保护会议，会长由总理大臣担任，委员由各有关省厅的正职或副职担任，最重要的民间组织是日本消费者协会，其消费者保护组织的职能与美国和德国消费者保护组织的职能相类似，这里重点介绍一下日本的商品检验工作。1961 年 9 月，日本消费者协会成立后，当年就开展了商品检验工作，由日本政府拨款，购置了检验设备。检验的商品是从市场上买来的，按牌子评定等级。被列为较差等级的厂家，起初强烈反对这种做法，后来随着广大消费者权利意识的提高，这种做法终于为整个社会接受。进行商品检验的方法是，一个牌子只检验一件，称为“一品检验”。有的厂家对此表示反对，认为仅检验一件不能说明问题。但是消费者组织认为，消费者买东西一般就是买一件，如果这一件有问题，对消费者来说就是100%有问题，消费者要求任何一件商品都没有问题，也是正常的。其次，消费者组织对商品检验的方法，是采用接近实际使用的方法，因此受到消费者的重视。

【链接4】

国际消费者联盟组织（简称IOCU）是一个独立的、非盈利的、非政治性的组织。1960年，由美国、英国、澳大利亚、比利时和荷兰五个国家的消费者组织发起成立，在荷兰登记，总部设在荷兰海牙，亚太地区分部设在马来西亚的槟榔屿。

宗旨：在世界范围内协助并积极推动各国消费者组织及政府努力做好保护消费者利益工作；促进对消费服务进行比较、试验的国际合作；促进消费信息、消费教育和保护消费者方面的其他各种国际合作；收集、交流各国保护消费者法规及惯例；为各国家集团讨论有关消费者利益问题解决办法提供讲坛；出版有关消费者信息的资料；与联合国的机构及其他国际团体保持有效的联系，以起到能在国际范围内代表消费者利益的作用；通过联合国的机构和其他可行的方式，对发展中国家关于消费者教育和保护的发展计划，给予一切实际的援助和鼓励。

组织结构：全体大会，由各个成员组织所推选的代表组成。理事会由会议推选35名成员组成，理事会指定执行委员会。工作人员为十名领薪者，经费来源于会费和出售出版物。在联合国有关机构中具有咨询地位。这些机构是：联合国经社理事会、联合国教科文组织、联合国儿童基金会、联合国工业发展组织、消费者咨询理事会、欧洲保护消费者委员会。同时，在联合国环境规划署、联合国工业发展组织、联合国亚太经济与社会委员会、联合国国内妇女委员会中派有代表。

活动：设有小组委员会或工作组负责检测商品，进行教育、发展、法制、医疗等活动；在亚太地区设立顾问小组委员会，提供信息资料的专门来源。中央秘书处设有图书馆，以收集和传播与消费者利益有关的立法、技术、教育的资料。制订拉丁美洲和亚太地区经济与社会委员会管区内区域发展计划，支持并进行有关不完备商品标签、向第三世界倾销危险药品、农药以及婴儿食品的监察等问题的研究。1981 年在槟榔屿成立了一个警告组织，就禁止、限制出售的产品或在世界任何地方应予收回的产品向消费者提供警告。国际消费者联盟组织站在三种公民运动的前列，即：反对使用农药活动网、健康运动国际、国际婴儿食品活动网。它制订了“公民”宪章，以唤起公民的批评、诉讼意识及社会责任和团结。它召开世界代表大会，区域性或其他专业性讨论会。世界大会每三年召开一次。

出版刊物：有国际消费者联盟组织通讯（月刊）；消费者报道（月刊）；消费者国际监察焦点（每年六期）；国际健康活动新闻（每年六期）；西班牙语消费者杂志（季刊）；消费者术语汇编；专题论文集及其他专刊。

成员：据 1984 年国际消费者联盟组织统计，有 88 个国家的约 300 个团体从事保护消费者活动。这些组织共同特点是：致力于保护消费者利益，不以盈利为目的。中国消费者协会于 1987 年 9 月加入国际消费者联盟组织，成为正式会员。

二、农民消费者需要了解的我国消费者协会的职能

《中华人民共和国消费者权益保护法》第三十二条规定了消费者协会履行下列职能：

（一）向消费者提供消费信息和咨询服务；

（二）参与有关行政部门对商品和服务的监督、检查；

（三）就有关消费者合法权益的问题，向有关行政部门反映、查询，提出建议；

（四）受理消费者的投诉，并对投诉事项进行调查、调解；

（五）投诉事项涉及商品和服务质量问题的，可以提请鉴定部门鉴定，鉴定部门应当告知鉴定结论；

（六）就损害消费者合法权益的行为，支持受损害的消费者提起诉讼；

（七）对损害消费者合法权益的行为，通过大众传播媒介予以揭露、批评。

1. 消费者协会向消费者提供消费信息和咨询服务。

我国消费者协会作为对商品和服务进行社会监督的保护消费者合法权益的社会团体，其职责之一就是向消费者提供消费信息和咨询服务。其基本内容是，消协对于有关消费的信息如消费趋势、市场行情、商品价格、产地、生产者、用途、性能、规格、等级、生产日期、主要成分、使用方式，服务的内容、规格、费用等情况向广大消费者予以公布和宣传，同时，对于消费者就商品和服务提出的

有关问题给予解答，从而增强消费者的消费知识和权利意识，提高其自我保护能力，自觉抵制侵害消费者合法权益的行为。

在为消费者提供消费信息和咨询服务方面，我国消费者协会做了大量工作。中国消费者协会于1985年10月7日创办了《中国消费者报》，对消费者关心的消费信息广为报道，并开辟专栏就消费者提出的商品和服务问题进行解答。与此同时，一些省、自治区、直辖市的消费者协会也纷纷创办以维护消费者合法权益为宗旨的报纸、杂志，为消费者提供消费知识和咨询服务。此外，许多消费者协会还通过建立咨询服务中心，开辟宣传橱窗，举办消费知识讲座等形式以及利用每年的“3·15国际消费者权益日”，向消费者广为传播消费信息，提供咨询服务。

【小贴士】 万民信赖的美国《消费者报告》

《消费者报告》（Consumer Report）在美国家喻户晓，有口皆碑，每月发行量达800万份，平均每30个人就有1份。它影响着人们的消费意向，美国任何一本杂志的发行量和影响程度都无法与之相比。《消费者报告》站在超然的立场上，不接受生产者、经营者的广告，也不受理消费者的投诉，其经费完全来自杂志的发行利润。《消费者报告》运用现代先进技术，对市场上出售的商品进行科学检测，并将检测结果予以公布，为消费者购物提供参考。其检测范围十分广泛，而且所有检测样品都是杂志的工作人员以普通顾客的身份从商店中购买。

《消费者报告》崇尚科学，实事求是。1991年出版的《消费者报告（汽车单行本）》中，有一篇文章比较了20

世纪 80 年代美国的三大汽车公司（通用、福特、克莱斯勒）和日本三大汽车公司（丰田、日产、本田）的产品质量，指出日本的汽车质量远远优于美国，在跨入 90 年代的时候，美国车比日本车还落后 5 年。一本美国杂志能承认美国车落后于日本车是非常难能可贵的，这也在很大程度上反映了《消费者报告》的求实精神。也正因为如此，美国人不大相信广告，却非常信赖《消费者报告》，其购物意向也往往为其左右。80 年代末期，日本五十铃公司在美国推出一种新型吉普车，以价格便宜、款式新颖而深得年轻人的喜爱，销势颇好，供不应求。正当这种车走俏美国的时候，《消费者报告》公布了对该车的检测结果，指出这种车在急转弯时容易翻车的重大缺陷。报告一公布，这种车的销势陡然下跌。五十铃公司恼羞成怒，准备把《消费者报告》告上法庭，要求其赔偿经济损失和名誉损失。但《消费者报告》把检测方法告诉五十铃公司，请他们自己再检测一下汽车。五十铃公司检测后得出了与《消费者报告》相同的结论，虽心怀怨恨，却也不得不佩服对方的科学精神。不久，这种刚上市的吉普车就在美国市场上销声匿迹。《消费者报告》不盲目推崇名牌。1995 年春，该杂志相继发表了对运动鞋和皮鞋的检测报告，指出名牌与非名牌在质量上并无大的差别，有些非名牌的质量还超过名牌。一篇题为《多花钱买名牌皮鞋值得吗?》的报告根据从几十美元到 200 多美元一双的男女皮鞋的检测情况指出，价格最高的并不是最好的，售价在七八十美元左右的皮鞋其质量价格比最合理，最值得消费者购买。

《消费者报告》以维护消费者利益为宗旨，深受广大消费者喜爱，但它又从另一个方面为生产者经营者提供了许多有价值的信息，促使其提高产品质量和服务水平，故各生产厂家和商店对《消费者报告》也非常重视，因为争取到了消费者，其财源就有了保证。

2. 消费者协会参与有关行政部门对商品和服务的监督、检查。

消费者协会的社会团体性质，决定了其工作方式不能像行政部门那样可以直接对经营者进行监督、检查，并对违法经营者进行处理。因此，消费者协会为充分发挥自己的职能，可积极参与有关行政部门对商品和服务的监督和检查活动，从而借助行政部门的权威，加强对商品和服务的监督，督促经营者提高商品质量和服务质量。如在1992年，中国消费者协会就与有关行政部门、新闻单位等联合举办了“中国质量万里行”活动，这一活动涉及到全国各省、直辖市、自治区，揭露出大批假冒伪劣产品，在社会上引起巨大反响，对促进经营者提高质量意识，增强消费者的自我保护意识，都起了极大的推动作用。

【案例】消协依法行使职能，参与对不合格产品的调查

某日本企业来中国大陆投资建立一个玩具工厂，该厂产品一部分销往东南亚地区，一部分在大陆销售。该厂生产的玩具设计新颖，很受儿童喜爱，故产品畅销，生意兴隆。但3年后，由于种种原因该玩具厂生产的玩具出现质量问题，有消费者反映该厂生产的绒毛玩具内的填充物色泽不正，气味难闻。当地消费者协会了解到这一情况后，认为问题重大，便向工商行政管理部门通报了情况，工商行政管理部门遂决定对此事进行调查，消费者协会主动要求参加调查。经有关部门检测，认定该厂绒毛玩具内的填充物不符合卫生要求，有害儿童健康。据此，工商行政管理部门对该厂处以没收不合格产品并罚款的行政处罚。

3. 消费者协会就有关消费者合法权益问题，向有关行政部门反映、查询，提出建议。

消费者协会作为一个以维护消费者合法权益为宗旨的社会团体，一方面它应尽力维护消费者利益，成为消费者的代言人，但另一方面其社会团体性质又决定了其功能的局限，亦即在发生消费者权益纠纷时，它没有任何权力就该纠纷进行仲裁或作出有法律约束力的处理决定，它虽可就纠纷进行调解，但这种调解要以双方当事人自愿为前提，如果经营者拒绝调解，消费者协会就自身权力而言就无可奈何了。因此，消费者协会在对消费者权益纠纷无力解决时，它应该将有关消费者合法权益问题，向有关行政部门反映、查询、提出建议，以使消费者合法权益得到及时、有效地维护。

【案例】及时向政府反映情况，消费者权益争议获妥善处理

1995 年 12 月，江苏省镇江市丹德县有 8 位消费者联名向县消费者协会投诉，反映他们与某房屋开发公司签订的购房合同所载明的建筑面积与在房管局领取的产权证载明的建筑面积不符，按 1982 年和 1995 年国家经委和建设部颁发的房屋《全国统一计算规则》和《建筑面积计算规则》的规定，丈量核发的产权证中71.43和61.08平方米的户型，比购房合同规定的面积分别短少5.72和4.88平方米。消费者要求该公司如实清退多收面积的房款，但经多次交涉仍被房屋开发公司拒绝。县消协受理投诉后，与镇江市消协联合走访了有关单位，了解到房屋开发公司按建筑图纸计算出的使用面积与使用系数得出的房屋建筑面积，是沿袭镇江市的传统方法进行的，而这种计算方法既没有政府有关部门的确认，也没有任何文件许可，更不符合房屋结构不断变化的要求。为此，镇江市消协将该情况向有关行政部门作了反映，并建议有关行政部门予以重视和处理。此事迅速引起了镇江市政府的重视，市长亲自作了批示。1996年3月7日，由一名副市长召集建委等部门开会，听取了消协的情况汇报，并要求市建委尽快拿出新的计算办法，老方法不再使用。3月13日，按照市政府的意见，市、县两级消协再次就该纠纷进行调解，房屋开发公司终于同意向消费者退还购房时多收的款项。3月20日，双方订立了由公司一次性退还8位消费者多收房款的协议。第二天，公司按协议履行了义务。

4. 消费者协会受理消费者的投诉，并对投诉事项进行调查、调解。

消费者协会作为消费者自己的组织，消费者在自己的合法权益受到不法侵害后向消费者协会投诉，乃属当然之举。事实上，自各地消费者协会陆续成立以来，在传播媒介的大量报道下，广大消费者对消费者协会的认识日益加深，认同感也不断增强，因此，在发生权益争议后也就自然向消费者协会请求帮助。据不完全统计，我国各级消费者协会每年收到的投诉都以超过10%的速度增长。

在消费者投诉不断增加的同时，消费者为处理投诉也做了大量的工作。据统计，消费者投诉案90%以上都得到了妥善解决。各级消费者协会还通过办报刊、开辟消费者投诉热线、到有关地方现场办公等方式，方便消费者投诉，解决有关消费者权益争议，取得了良好的社会效果。

为使消费者协会在处理消费者投诉时有章可循，中国消费者协会于1988年6月颁布了《受理消费者投诉暂行规定》。该规定就消费者协会受理消费者投诉的原则、程序、方法等内容作了具体规定。根据该规定的精神，在一般情况下，消费者的合法权益受到损害时，应当先与责任者——商品的生产者、销售者或者服务的提供者进行交涉，协商解决。如果交涉无效，可向其主管部门或者上级部门，或者工商行政管理部门反映情况，请求帮助解决。如果仍然无法得到圆满解决，消费者则可向本人所在地的消费者协会或者责任者所在地的消费者协会投诉。消费者协会在接到消费者的口头或者书面投诉后，应对投诉进行审查，看其是否成立。然后根据投诉中所反映的问题，将其转交给被投诉单位，要求其在规定的时间内作出处理和答复；或者将其转至有关行政部门，依国家的有关法律、法规或者政策处理；或者直接出面邀请争议双方协商解决。

【案例】女孩因缺陷产品致伤，消协调解获赔偿

1995年5月21日上午，某小学女生郑某因身体不适未上学，被母亲送到伯父开的装饰经营部休息。11时左右，挂在店内的一块长 1.2 米、宽 0.6 米的贝雕镜屏玻璃突然落下，砸在郑某的头部，顺着右脸向下，划破右脸颊，鲜血直流，惨不忍睹。郑某当即被送往附近的医院抢救，经外科、口腔科医师会诊、手术缝合治疗，住院 16 天。后又被送至南京口腔医院，邀请上海专家会诊、手术，住院 20 多天。虽经镇江、南京两地医院治疗，郑某右脸部仍留有一长线手术疤痕，嘴巴向左歪斜，晚上睡觉时常有口水流出，备受折磨。医生认为要等机能完全恢复后，才可去上海整容。

此事发生后，郑某的监护人认为郑某受伤乃贝雕镜屏质量不合格所致。遂向市消费者协会投诉，要求该贝雕镜屏的销售者——某公司镜屏商店承担民事责任，赔偿经济损失。市消协接受投诉后，在市技术监督部门大力配合下，进行了调查、取证、调解工作。经市技术监督局质量检测所抽样对照检测，认定该工艺镜屏解体的原因是因产品中存在潜在的缺陷，经过一定的时间后出现破裂进而解体，故郑某的受伤与产品存在的潜在缺陷有因果关系。郑某的伤势经市中级人民法院及市人民检察院法医鉴定，为伤残 9 级，有关专家认为郑某还需继续治疗。在事实清楚，责任明确的基础上，市消费者协会在有市技术监督局、市工商局、双方律师、5 家新闻单位参加的调解会上，根据《消费者权益保护法》、《产品质量法》、《民法通则》的有关规定，对争议进行了公开调解。经过反复调解，双方达成如下协议：由×××公司一次性赔偿受害方经济损失、精神损失费 49500 元整。

5. 消费者协会对商品和服务的质量问题提请鉴定部门鉴定。

以事实为根据，以法律为准绳，是我国司法工作的一项基本原则，消费者协会在处理消费者投诉时，也同样应遵循这一原则。只有把对问题的处理建立在可靠事实的基础上，才能经得起历史的检验。消费者协会在处理消费者投诉时，大多涉及到商品和服务的质量问题，而许多商品或服务的质量状况又非凭肉眼或一般手段就可查知，在此情况下，要使问题得到合理合法解决，就有必要借助专门的鉴定手段。也就是鉴定部门运用专门知识和技能，以科学方法和科学手段就有关事项进行检验、鉴别、判断的一种活动。

我国《消费者权益保护法》第三十二条规定，消费者协会对“投诉事项涉及商品和服务质量问题的，可以提请鉴定部门鉴定，鉴定部门应当告知鉴定结论”。这就赋予消费者协会就商品和服务的质量以提请鉴定的职能。消费者协会通过行使这一职能，有助于分清是非、明确责任，从而使消费者权益争议得到公正、合理的解决。同时，根据该法条的规定，鉴定部门在消费者协会向其提出鉴定申请时，有义务进行鉴定并告知其鉴定结论。

【案例】水泵带电致人死亡，鉴定结论分清责任

1994 年夏季，河南省旱情严重，为抗旱需要，河南省某县村民张某在县农机公司购买了一台浙江产水泵。7 月 14 日，张某将水泵安好，接通电源。这时，水泵因外壳带电将张某击倒，并致其当场死亡。料理完后事，张某之妻向县消费者协会投诉。县消协接到投诉后，感到事态严重，当即派人将水泵封存并送至市技术监督局申请技术鉴定。鉴定结果表明：该水泵使用的绝缘材料不合格，致使水泵外壳带电，且电流足以致人死亡。在取得鉴定结论后，县消协即通知县农机公司与该水泵的生产厂家进行协商。在科学的鉴定结论面前，生产厂家承认自己的产品质量有问题，对张某的死亡负有责任。经县消协调解，生产厂家愿意赔偿经济损失35000元，张某的家人表示同意，此案即告终结。

6. 消费者协会支持受损害的消费者起诉。

支持起诉原则是我国民事诉讼的基本原则之一，其目的在于帮助社会弱者在其合法权益受到不法侵害后，能有效地寻求法律帮助，以实现社会公正。对此，我国《民事诉讼法》第十五条明确规定："机关、社会团体、企业事业单位对损害国家、集体或者个人民事权益的行为，可以支持受损害的单位或者个人向人民法院起诉。"

消费者在自己的合法权益受到经营者的不法侵害后，虽然也可根据法律规定直接与经营者协商处理，或者向消费者协会投诉，但实践证明，这些方法尚不足以使消费者的合法权益受到有效保护。因此，在通过上述途径仍不能解决问题时，转而寻求司法帮助就成为消费者的必然选择。但打官司一向被普通老百姓视为畏途，不要说诉讼费用、诉讼技巧，单就人力、时间的投入就令不少人倍感困难，以致于很多人在自己的合法权益受到不法侵害后，不去寻求司法保护而"算了"。在消费领域也同样如此，尽管损害消费者合法权益的事件多不胜数，但真正告上法庭的却并不多见。因此，支持受损害的消费者寻求司法保护，实现社会公正，就成为了一种社会责任。

根据我国《消费者权益保护法》的有关规定，支持受损害的消费者提起民事诉讼，是消费者协会的一项重要职能，同时也是其重要义务。消费者协会作为消费者自己的组织，维护消费者的合法权益是其基本宗旨。因此，在消费者的合法权益受到经营者的不法侵害后，支持受损害的消费者提起诉讼，就成为消费者协会的当然职责。在具体操作上，消费者协会可以向消费者介绍有关起诉的基本知识和消费者权利的主要内容，也可以帮其收集证据，撰写有关法律文书，还可以直接代理消费者参与诉讼事宜等等。比如：浙江省消协首次运用消保基金支持1888户农民打赢官司。2001年在浙江省丽水市莲都区法院第三审判庭内，1888户瓜农代表在浙江省消协的大力支持下，与某种子科技中心经过整整一天的调解，到晚上18:30分，双方终于达成了调解协议：由被告补偿瓜农经济损失共计近24万元，此案1万余元的受理费也由被告全部承担。

消费者协会对这些支持应视作自己的法定义务，而不能将其作为牟利的手段。同时，这里还应明确的是，消费者协会支持受损害的消费者提起诉讼，只是协助，而不是直接以自己的名义向人民法院起诉。受损害的消费者是否起诉，仍由自己决定，消费者协会不能越俎代庖，擅作主张。

【案例】中消协发表四点意见坚决支持奔驰MB100用户维权

中新网北京5月27日消息：央视国际网络报道说，中国消费者协会今日就解决“奔驰汽车存在的安全质量隐患问题”发表意见，意见表示中消协将开始接受消费者的投诉并提供法律支持，此外，意见还要求梅塞德斯—奔驰中国有限公司妥善处理这一事件。意见全文如下：

(1) 2002 年 5 月 23 号，中华人民共和国国家质量监督检验检疫总局发布了 2002 年第 46 号公告，公告明确指出：韩国产奔驰 MB100 轻型客车在行驶中排气管与制动油管、后车轴发生碰撞，造成制动油管被砸扁、油路不畅、后轮制动失灵等安全质量隐患。中国消费者协会及各地消协组织将依据这《公告》的精神和中国有关法律法规的规定，处理消费者的投诉。

(2) 根据中华人民共和国国家质量监督检验检疫总局发布的公告，韩国产奔驰 MB100 轻型客车已被认定为缺陷产品。凡是为生活需要购买奔驰 MB100 轻型客车的消费者，都可以依据《中华人民共和国消费者权益保护法》和《中华人民共和国产品质量法》的规定，主张自己的合法权利。对由于该产品缺陷造成消费者人身或财产损害的，消费者有权按《中华人民共和国消费者权益保护法》第 41、42 条的规定，要求经营者承担民事赔偿责任。

(3) 如果消费者与经营者交涉无法达成和解或经消费者调解仍不能妥善解决，消费者协会认为有必要时，可以依据《中华人民共和国消费者权益保护法》第 32 条第 6 款“就损害消费者合法权益的行为，支持受损害的消费者提起诉讼”的规定，向消费者提供法律支持。

(4) 希望梅塞德斯—奔驰中国有限公司，以积极的态度，认真履行法定义务，尽快拿出一个周全解决方案，妥善处理好由于 MB100 轻型客车存在安全质量隐患问题引发的消费者投诉。

7. 通过大众传播媒介对损害消费者合法权益的行为予以揭露、批评。

在当代社会，随着科学技术的迅猛发展，大众传媒发展很快，并深深地影响到人们的生活之中。与传统的口耳相传比较，现代传媒如报纸、杂志、电台、电视台等具有及时、公开、传播速度快、覆盖面广、社会影响大等特点。因此，利有大众传播媒介对经营者损害消费者合法权益的行为予以揭露、批评，往往能给不法经营者以有力打击，达到意想不到的效果。

在传播媒介十分发达的今天，商品或服务的经营者也非常重视自己在大众传播媒介中的形象，甚至对许多经营者而言，其在大众传播媒介中的形象直接关系到其商品或服务的销路，与其经济利益休戚相关。因此，许多经营者可以不在乎消费者的投诉，不在乎消费者组织的责问，甚至也不在乎人民法院的判决，但却害怕在大众传播媒介上亮相、出丑。所以，借助于大众传播媒介的巨大威慑性，对于督促经营者注重商品或服务的质量，维护消费者的合法权益有着其他方式所不具备的作用。

当然，消费者协会在利用大众传播媒介对损害消费者合法权益的行为予以揭露、批评时，也应实事求是，慎重地进行，应当把经营者不法损害消费者权益的揭露、批评，建立在可靠的事实、充足的证据的基础之上，否则，一旦利用不当，就可能给无辜的经营者带来难以挽回的损失，同时也会给自己造成法律上的麻烦。

三、我国消费者组织活动的有关禁止事项

《中华人民共和国消费者权益保护法》第三十三条：消费者组织不得从事商品经营和营利性服务，不得以牟利为目的向社会推荐商品和服务。

1. 不得从事商品经营和营利性服务。

消费者组织的社会团体性质，决定了消费者组织不得从事商品经营和营利性服务。在我国，从事商品经营和营利性服务的组织，都属企业的范畴，应到工商行政管理机关办理企业登记手续，而消费者组织的成立则是依社会团体成立的程序进行。从某种意义上讲，是否以营利为目的，是区分企业单位与社会团体的基本标志。

与其他社会团体相比，消费者组织不得从事商品经营和营利性服务之规定显得尤为重要。我国的消费者组织是以对商品和服务进行社会监督的保护消费者合法权益为宗旨的社会组织，如果其自身都从事商品经营和营利性服务，把自己置于经营者的地位，那么，其对商品和服务的监督就无从谈起，同时，在经营过程中如果与消费者发生消费者权益争议，其作为消费者代言人的身份又如何体现，其结果只能是行为与宗旨的背离，有违设立时的初衷。因此，消费者组织在任何情况下都不得从事商品经营和营利性服务，这既是法律的明文规定，同时也是其性质使然。

2. 不得以牟利为目的向社会推荐商品和服务。

根据《消费者权益保护法》的有关规定，消费者组织

具有向消费者提供消费信息和咨询服务的职能。据此，消费者组织可根据自己掌握的情况向消费者推荐质优价廉的商品和质量可靠、收费合理的服务。事实上，我国的各级消费者组织也都在积极地履行这一职能，从维护消费者合法权益的角度出发，向消费者推荐商品和服务。同时，基于对消费者组织的信赖，广大消费者对消费者组织推荐的商品和服务也较为放心，乐意接受。因此，消费者组织对商品和服务的推荐，对消费者的消费选择具有较强的导向作用。

但值得指出的是，消费者对消费者协会的认同和信赖是建立在其公正、不牟利的基础之上的。如果消费者组织以牟利为目的向消费者推荐商品和服务，就不仅亵渎了消费者对其给予的高度信赖，而且在利益的驱使下，其公正性就会受到挑战，甚至可能为了牟利而置消费者利益于不顾，谁出钱多就推荐谁的商品和服务，其结果必然导致自身信誉的下降和消费者利益的受损。因此，禁止消费者组织以牟利为目的向社会推荐商品和服务是十分必要的，这不仅有助于维护广大消费者的利益，而且也有助于维护消费者组织的自身形象，加强其自身建设。

【链接】

消费者如何投诉：消费者在购买的商品发生质量问题或对接受服务不满意时，如与商店协商和解未果可向消费者协会投诉，也可以不经协商直接向消协投诉。

投诉首先是个时间问题，向消费者协会、行政机关投诉或申诉的有效时间，法律、法规已作具体规定，即在发生争议后 2 年内。但是，消费者如何与商店发生争议后，应及时向消费者协会投诉，不要拖得时间太长，因为，时间一长便可能发生证据丢失的情况。另外，一些不宜存放的商品，时间长了，很难鉴别其质量问题。特别是实行“三包”的商品，一旦过了“三包”期会增加解决争议的难度。所以一旦发生消费争议，消费者应及时向消费者协会投诉。

向消费者协会投诉可以采取书面和口头的形式。消费者由于工作学习繁忙，无暇抽身前往消费者协会投诉时，可以采取书面投诉，邮寄送达的方式。首先要写明购物的时间、商店、商店地址。如能写明邮政编码、电话则更佳。同时写明商品的名称、品牌、型号、生产厂家、生产日期或有效期等。然后详述质量问题发生的时间、经过或服务不满意的具体表现，接着阐明认为存在质量问题或服务问题的理由，并提出具体要求和说明是否“三包”。最后写上自己的姓名、地址、邮编、联系电话等。最重要的是随信附上购物发票（复印件）等凭证。如该商品有特殊情况的也应写明，如季节降价、清仓处理、处理品、等外品、试销品等。以供处理投诉的消协同志参考。

有些商品的质量问题投诉，因涉及到让消费者协会亲眼目睹商品产生质量问题的情况，所以，消费者必须到消协所在地投诉。投诉时带好发票等凭证，实物等。然后口头叙述该争议发生的前因后果，大致可按书面投诉条理进行，对消委会接待同志的提问，要实事求是地回答，不管是书面投诉还是口头投诉，都必须做到客观、真实、全面。最后，消费者填写投诉表。

四、实际生活中涉及消费者协会的案例

【案例 1】

2008 年 6 月 12 日，福建省邵武市洪墩镇宜坊村村民丁宝贵代表洪墩、吴家塘等乡镇 100 多户烟农，将“情系三农维权，真情铸造和谐”的锦旗送到邵武市消费者权益保护委员会秘书处，并紧握工作人员的手连声致谢。

3 月 20 日，邵武市洪墩镇宜坊村烟叶种植大户丁宝贵等 10 余人来到市工商局 12315 服务中心投诉：今年 1 月，由于听信村里经营农药的个体工商户朱某的宣传推荐，购买了 50 瓶浙江省一厂家生产的某品牌“50% 乙草胺乳油除草剂”，用于烟田喷雾除草。过了两三个月，烟农们发现，烟田里的草倒是除干净了，可烟苗像是被“烧”伤了一样，无精打采，怎么也长不起来。在阳光照射稍稍强烈时，甚至出现了大面积的枯死。看着别家苗壮成长的烟苗，他们越来越感到不对劲，于是便来到市工商局请求帮助调查处理。

无独有偶，此后一个多星期，邵武工商局 12315 投诉台又陆续接到吴家塘、大竹等乡镇 60 余户烟农的投诉，所反映的情况也与丁宝贵的投诉大致相同。据各乡镇上报的数据初步统计，此次烟叶受损面积达 600 多亩，涉及农户 100 余户。

接到投诉后，12315 台感到问题严重，光靠工商部门一家无法解决事态。于是，12315 投诉台把案件移交到市消委会秘书处，由消委会协调相关部门共同处理。市消委会接过投诉，立即召集工商、农业、烟草、质监等部门组

成联合调查组，召开专题分析会，并抽调各部门的技术专家和执法骨干，深入到各乡镇展开详细调查，同时对烟农们的实际受损情况做具体鉴定。经过多方取证，调查组得出结论，“烧”伤烟叶的“元凶”为使用了不适宜在烟田里使用的农药除草剂。调查中，农药经销商也承认，由于没有仔细地阅读厂家的使用说明书，在销售产品时，他们确实向农户们进行过误导宣传，将不能在烟叶上使用的产品卖给了农户，最终导致烟农严重受损。

在技术人员的指导下，大多数受损烟农积极展开生产自救，通过使用化解农药及浇水稀释，使一部分烟叶重新恢复了长势，从而将损失减少到了最低程度。同时，邵武市消委会启动人民调解委员会程序，通过多次组织当事人共同协商与愿望沟通，使双方最终达成了协议：由三家农药经销商一次性支付人民币 14.1 万元给三个乡镇的受损烟农，具体款项分配由各乡镇按受损登记情况处理。5 月 20 日，邵武市消委会人民调解委员会出具了具有法律约束力的调解书，一起历时 3 个多月的烟农集体投诉案划上了圆满的句号。

【案例 2】

海林市长汀镇平安村农民齐某在海林市某农机商店购买了一台价值 14600 元的玉米收割机。在初次试机时，机器就出现了问题，变速箱漏油，厂家维修人员为其维修以后，齐某又继续使用。可是没过几天收割机的轴承又裂缝了，找到经销商，厂家又派维修人员为齐某维修。就这样的故障，厂家前后来人维修了三次，在第四次出现故障时，齐某找到经销商要求为其换货，经销商拒绝了齐某的要求，称这种情况只能继续为他维修，而且维修时更换零部件还要齐某自己拿零部件的费用，齐某在与经销商多次协商未果的情况下，投诉到消协。

海林市消费者协会受理投诉后，立即展开细致地调查，到农机商店调查了解情况，在确认情况与消费者所说的属实后，向经销商讲解相关的法律、法规，经过消协工作人员耐心细致地工作。根据《农业机械产品修理更换退货责任规定》第十五条之规定，齐某的要求不符合换货条件。最后双方达成协议：经营者同意免费为消费者更换出问题的零部件。

【链接】

《农业机械产品修理更换退货责任规定》第十五条。

整机三包有用期内，热机、拖拉机、结合割取机、农用运输车和对三包妨碍有特殊要求的其他产品，因附件3所列同一妨碍，修理两次后仍不克不及正常施用，由修理者负责改换总成或者器件。改换总成或者器件后仍不克不及正常施用的，凭修理者供给的修理记录和证实，由销售者负责为农民不收费改换同型号同规格的产品。

整机三包有用期内，上款儿所列产品以外的产品，因同一安全性能或者同一施用性能妨碍，累计措置惩罚两次后不克不及正常施用的，由修理者负责改换总成或者器件。改换总成或者器件后仍不克不及正常施用的，凭修理者供给的修理记录和证实，由销售者负责为农民不收费改换同型号同规格的产品。

热机单机作为商品发售给农民的，计为整机；作为农业机械配套动力的，计为总成。

【案例3】

2008年9月12日，邵武实验小学四年级学生张凡在一家新开的书店花费29.8元购买了一本精装版《伊索寓言》，高高兴兴带到学校，恰好有一位同学在新华书店也买了一本，拿来对比一看，发现两本书封页颜色差别较大，且自己购买的衬页里没有防伪水印，插图也更粗糙，怀疑是盗版书籍。于是放学后约了几位同学找到店家要求退货。书店老板一看是个小学生，就不予理睬。小张凡等人感到很气愤，就来到市消保委投诉。

接诉后，消保委詹秘书长立即带人赶到现场。经仔细查看，他确认该批书确系盗版书籍。詹秘书长遂打电话通知辖区工商所，工商人员到达后，立刻展开调查取证。经查实，该批书系书店老板以低价购进的盗版书，一共10套。工商人员责令书店双倍返还张凡的购书款59.6元，将剩余6套盗版书籍予以没收，并对书店罚款1000元。

【案例4】

穆棱市消费者协会接待了两个农民消费者投诉，向我们反映购买的农膜在使用后断裂的现象。在工作人员办理投诉登记同时，要求向消费者协会提供购货凭证或信誉卡，两个农民反映没有购货票据，消协工作人员于是来到销售农膜的商店开展调查。同时，消协又陆续接待好几位农民的投诉，都反映农膜断裂现象。经统计，购买农膜的农民都是八面通向阳村农民，共计8户，购买农膜25捆总计金额2200元左右。农膜生产厂家是哈尔滨某塑料厂，投诉的农民都没有购货票据。对此，市政府、市工商局领导非常重视亲自到受损害农户地里调查，并希望消费者协会妥善处理好此事，维护农民的利益，减少损失。在经过认真调查后，我们通过销售农膜的商店与哈尔滨生产厂家取得联系，向他们反映情况，并希望生产厂家来人亲自处理此事。6月23日我们和生产厂家的代表又一同来到受损害的农户地里查看情况，在无相关证据的情况下，提请农户对购买的农膜作质量鉴定。农民考虑到鉴定费用和农忙的原因，请求消费者协会调解处理此事。再与生产厂家讲政策、讲诚信做工作的情况下，经消协调解生产厂家和农户同意协调处理此事，并且在农户无相关购货凭证的前提下，生产厂家同意一次性补偿8户农户损失4000元，双方在履行调解书上签字后经由消协工作人员将钱交到农民手中。

在处理后，生产厂家本着诚实信用原则，在征得市消费者协会同意后，委托八面通丰收种子商店处理后事，只要有农民投诉，提供了相关购货凭证或产品合格证，经查证受到损失的，比照前款处理结果予以补偿。

通过此案的处理，使我们感受很深，广大农村消费者法律维权意识增加了，敢于拿起法律的武器维护自己的合法权益，这与广泛宣传《消费者权益保护法》的效率是分不开，同时又感到宣传的力度还不够，消费者在购买商品时往往忘记索要购货凭证或信誉卡，使之在受到损害时，给消协处理工作时代来很大难度。合法权益得不到有效保护。结合市消协推广使用新版信誉卡的工作，我们将要加大宣传工作，在农资经销企业中要求全部使用信誉卡，做到每销售一件农资产品必须开具信誉卡。同时，也得通过新闻媒体和宣传单形式向广大农民朋友们再次发出消费警示，购买农资产品《四注意》：

1. 到有固定经营场所，证照齐全的商店购买。
2. 检查农资产品的外包装是否标志齐全。
3. 索要信誉卡或发票。
4. 发现问题及时投诉。

【案例5】

纽先生等人因商务需要到厦门，委托嘉善某旅行社代购某航空公司来回机票，原定11月5日上午10时45分的航班返回。10月30日，纽先生得到消息，11月5日10时45分的航班被取消，原定的机票可回当地旅行社原价退还，纽先生须在厦门重新购买其他班次的机票返回。据了解，纽先生原定的机票是五折价，每张520元，重新购买的机票票价是六折，再加上飞机大小不同所收取的机场建设费不同，纽先生等人需要多支付一笔费用。因已经购买了来回的机票，纽先生等人就没有多带现金，这样的方式无法让纽先生等人接受。

嘉善消协接到纽先生从厦门打来的投诉电话后，及时联系旅行社了解相关情况并进行多次协调。最后，旅行社为纽先生等人办理了电子客票，所有手续由旅行社通过电脑联网完成，纽先生等人只需凭身份证乘11月5日中午12时的航班返回。

链接：在发生航班取消、延误等情况下，消费者有知情权、选择权、索赔权。航空公司应当及时、准确地把取消或者延误的理由、何时能正常起飞的时间告诉消费者。在消费者与航空公司发生纠纷的情况下，解决纠纷的依据是我国《民用航空法》、《合同法》、《消费者权益保护法》的相关规定。

【案例6】

2004年8月16日上午，海林镇蔬菜村村民孙景列来到海林市消费者协会投诉，称有一煤贩卖给他们的一车煤严重缩水。原来，消费者孙景列于2004年8月16日早晨坐在家中，听到外面有煤贩叫卖的声音，并且免费送到家门口，声称保质、保量、如果重量不够可以补齐并且接受任何处罚。消费者孙某和家人一合计，决定留下一车煤，这样既节省了运费，又解决了燃眉之急。于是，消费者与煤贩商定以每吨245元的价钱购买了一汽车煤，共计20吨，合计人民币4900元。消费者往家中运煤，细心的家人用自家的膀秤称了称，发现竟然少了3吨煤。结果，消费者没有买到便宜煤反而损失了不少钱。因此，消费者向消费者协会投诉要求消协帮助追回受到的损失。

接到投诉后，消协工作人员会同工商执法人员迅速展开了调查，查清了以下几项事实：

（1）消费者孙景列确实从煤贩子崔某手中购得一车燃煤共20吨，合计人民币4900元。

（2）经过实地称量，消费者反映的情况属实，一车燃煤差了3吨折合人民币735元，且经营者也承认了事实。

（3）经查煤贩崔某没有办煤炭经营许可证，也没有办营业执照，属于无照经营。

处理结果：

（1）由工商部门依照《无照经营查处取缔办法》的有关规定对经营者崔某给予行政处罚合人民币 3000 元。

（2）由煤贩崔某包赔消费者孙景列的各项损失合人民币 1000 元。

案例点评：

通过对此案的调解处理，我们深深感到，应加大对消费者的宣传、警示力度。端正消费理念，告之消费者到有经营许可证和工商营业执照的正规商家购买商品，以免上当受骗。同时，也建议相关部门认真履行职责，加大打击力度，取缔那些无证煤贩。

【案例 7】

消费者罗某从某厂购买实木地板，总价款 2200 元，数量 36. 19 平方米。罗某回家使用时，发现该实木地板有质量问题，找到厂家要求解决问题，遭到拒绝。消费者罗某向阳明区消协投诉，要求退还购买实木地板款，赔偿损失。

消协调查人员在 36. 19 平方米的实木地板中随机抽样，送到质量检测部门进行检测鉴定。质检部门出具的质量检测报告结论是该实木地板质量不合格。

消协经确认，罗某购买的实木地板是某厂销售的。在确凿证据面前，该厂不得不承认有质量问题。消协工作人员向该厂指出，其行为违反了《产品质量法》之有关规定。

该厂表示接受教育，以后不再有类似行为，并表示退还罗某购买实木地板的全额价款，赔偿检测费用和往返经济损失。

点评：

此案虽然简单直观，但暴露消费者和经营者发生纠纷时处在不平等地位，经营者依仗其优势的地位，对消费者的合理要求也拒不解决。消费者处在弱势地位，依靠自身力量很难保证其合法权益不受侵害。

第五章　农民朋友需要知道产生争议时的解决途径

一、关于消费争议的解决途径，法律是怎样规定的

《中华人民共和国消费者权益保护法》第三十四条：消费者和经营者发生消费者权益争议的，可以通过下列途径解决：（1）与经营者协商和解；（2）请求消费者协会调解；（3）向有关行政部门申诉；（4）根据与经营者达成的仲裁协议提请仲裁机构仲裁；（5）向人民法院提起诉讼。

1. 产生争议时，农民朋友可以与经营者协商和解

与经营者协商和解，是指在消费争议发生以后，消费者与经营者在自愿、互谅的基础上，通过直接对话摆事实、讲道理，分清责任，从而使争议得以解决。协商和解是一种快速、简便的争议解决方式，无论是对农民消费者还是对经营者，它都不失为一种理想的途径。事实上，日常生活中大量的消费争议都是通过这种方式解决的。这种方式具有及时、直接、平和等特点，对于标的物较小的纠

纷或者讲信誉、重质量的经营者来说，采用这种方式解决矛盾能获得较满意的结果。但该方式缺乏国家的强制力和约束力，有时达不到目的，对此，消费者应当有采用其他方式的准备。

【链接】协商和解过程中应当注意的几个问题：

(1) 协商和解必须遵守自愿原则。在协商和解中，是否进行协商和解以及按照怎样的条件进行和解，都必须由当事人自己决定，不的强迫协商，更不得采用暴力手段强行对方接受某种和解条件。和解协议达成后，由当事人自觉履行，当事人不履行的，可以重新的协商，然后一方不得强制对方履行。不愿协商或协议达成后反悔的，应该通过其他途径解决。

(2) 争议当事人应当具有和解权利。可以协商和解的争议应当是，当事人具有和解权利的争议，即其涉及的权利的义务必须是当事人可以处分的权利义务。对涉及犯罪行为的争议以及涉及公共利益的争议，当事人不得进行和解。例如，有关经营者在提供经营服务时候，致使消费者重伤或死亡，可能要承担刑事责任的争议，就不能由双方协商私了。

(3) 协商和解不得损害国家利益，社会公共利益或其他第三人的利益。协议的内容不得违法。例如，经营者对其伪劣商品给消费者造成的损害虽然答应赔偿，但以消费者对其假冒商标的行为不得检举，揭发为条件。损害第三方合法利益的协议应为无效，当事人的行为视其情形可构成共同违法或共同侵权行为，对此，国家有关机关可以追加起相关责任，其侵害第三方可以要求其承担侵权责任。

2. 产生争议时，农民朋友可以请求消费者协会调解

消费争议发生后，双方如能协商和解，当是上上之策。但实践中，总有一些消费争议由于双方的观点相去甚远，虽经反复协商仍不能取得一致。在此情形下，就有必要借助第三者的力量居中调解，使争议得以妥善处理。根据我国《消费者权益保护法》的有关规定，消费者协会具有调解消费争议的职能。据此，消费者在不能与经营者协商和解时，可请求消费者协会居中调解，以使争议得以及时处理。消费者协会在接到消费者请求调解的要求后，可在查清事实、分清责任的基础上，就争议的事项居中进行调解，或者代表受损害的消费者与经营者进行交涉，以求得争议的妥善解决。实践证明，在一般情况下，只要消费者协会站在公正的立场上，不偏袒消费者，经营者都会接受消费者协会的调解，从而使得争议迅速得以解决。当然消协在调解过程中，也应遵循自愿原则和合法原则。

一般来说，消费者协会对消费争议的调解应按以下程序进行：

（1）消费者提出调解请求或投诉。当消费争议发生后，消费者如果与经营者协商和解不成，可就有关事项向消费者协会投诉，或者直接请求消费者协会出面调解。（消费者协会受理投诉的范围）

（2）消费者协会接受调解请求或投诉。无论是消费者直接提出调解请求，还是消费者投诉，消费者协会都应予以接受，而不得以任何理由加以拒绝或搪塞。

（3）调查、了解情况，收集证据。调解工作虽不是司法审判，但它仍然应遵循以事实为根据，以法律为准绳的原则，把调解工作建立在可靠的事实基础上。因此，消费者协会在接受调解请求或投诉后，应就有关事项展开调查，收集证据。

（4）组织调解。在查明事实，分清责任的前提下，消费者协会可组织双方进行调解。调解时，消费者协会应注意做好双方的思想工作，通过说服教育和摆事实、讲道理的方式，促使双方尤其是经营者正确对待自己的过错和责任，以使争议得到公平合理且双方都能接受的解决。

（5）制作调解书。经过调解，双方就有关争议事项达成一致后，消费者协会应就此制作调解书。调解书应当写明以下内容：当事人的名称或姓名，纠纷的事实和责任的划分，协议的具体内容和有关费用的承担等。双方当事人应在调解书上签字或加盖单位印章。至此，调解工作即告结束，双方应按调解书载明的内容履行各自的义务。

但这里应明确的是，消费者协会主持调解所达成的协议不具有强制执行力，如果一方或双方对调解协议反悔的，就需要采取别的解决方式。

【案例】依法调解，事半功倍

林女士请上海某建筑装饰工程公司装饰一套新居，已基本装修完毕。2009 年 9 月 24 日施工队撤出现场，把新房的房门钥匙交还给了房东，由于保洁工作没有完成，故装潢公司并未通知房东进行竣工验收。9 月 25 日下午，林女士与装潢公司接到物业公司的电话，称此套房屋有水漫出。于是双方一起来到现场，当打开门一看，不由目瞪口呆，只见房间里水漫金山，积起来的水足有三寸深，仔细查看是淋浴房里的冷水龙头脱落，等到清除水患，清点损失，发现整个新房的地板，踢脚线、门框下端全部被水浸泡，变形，踢脚线上端六十公分的墙面起壳，估计损失达12000元左右。由于装潢老板不肯承担赔偿责任，故林女士向闵行消费者保护委员会投诉要求帮忙解决。

调查与调解：调解会上，林女士复述了投诉的概况，要求被诉方全额赔偿。被诉方则辩称：（1）事故发生的前一天，已将新房的钥匙交还房东；（2）第二天上午林女士的父亲曾到新房给淋浴器安装了一个热水龙头。言外之意，不言自明。并明确表示责任不在己方，对水患造成的损失，只能出于人道主义的精神表示适当的慰问。该公司的合同中明确表示：只有在双方竣工验收合格签字确认后，才算完成了房屋的交接。在没有交付之前，被诉方则要对装修房的防火，防盗、防水等方面的安全负责。因此，9月24日施工队将新房钥匙交给房东，不能认作房屋的交付，被诉方仍对房屋的安全负有责任，至于第二点，如没有充分的证据，不能随意断想。故此，此次事故，理应由被诉方承担责任。后经双方协商，房东有一万元工程款尚未付清，被诉方同意作为赔偿款，不再收取，房东表示同意，不再追索其他的赔偿。

观点与提示：合同作为双方的要约和承诺，是规范和制约双方权利和义务的法律文本。在双方都严格遵守和履行合同的前提下，确实是一纸空文。但是一旦发生纠纷和冲突，则是衡量是非曲直的最有权威的法律依据。因此，绝不可视合同为儿戏，在没有理解和消化合同的内容、权利、义务和责任之前，大笔一挥，冒然地签上自己的名字，万一发生纠纷，只要没有按照合同履行自己的义务，就必须承担相应的法律责任。上述案例中的被诉方，由于未按合同交付中的规定，履行自己的职责，以至于意外发生之后，即使有再多的理由，在没有确凿的证据的前提下，显得苍白无力。至于消费者也要从中吸取教训，在没有竣工验收，冒然接受钥匙，构成了事故的嫌疑，虽然被诉方证据不力，未被采信，但是有时也会陷入有口难辩的尴尬境地。签署合同的双方，在签署合同前，一定要对合同的条文反复推敲，吃透精神，主张和领会好自己的权利和义务。在实施的过程中一定要“重合同，守信用”，以免后患。

3. 产生争议时，农民朋友可以向有关行政部门申诉

农民消费者与经营者发生消费争议后，在与经营者协商而不能达成和解时，可以直接向有关行政部门申诉，以求得行政保护。与其他解决途径相比，这种方式具有高效、快捷、力度强等特点。

我国没有专门从事消费者权益保护工作的行政机构，但有许多行政部门从不同的角度实际履行着保护消费者合法权益的职能，这些行政部门主要有工商、物价、技术监督、卫生、商检等机关。对此，我国《消费者权益保护法》第28条明确规定有关行政部门接受消费者的申诉并及时调查处理，是其法定职责，不得推卸。

消费者在向有关行政部门申诉时，应依照商品和服务的性质向具有相关职能的行政部门提出，如消费者买到变

质的食品，就应当向食品卫生监督部门提出申诉；买到伪劣药品，就应当向药品监督部门提出申诉。有关行政部门接到消费者对商品或者服务的申诉后，应予审查。对符合规定条件的，应予受理；对不符合规定条件的，应不予受理并向提出申诉的消费者说明原因。行政部门对受理的消费争议，应及时进行调查，查明事实，分清责任。在此基础上，对经营者仅承担民事责任的，可在自愿、合法的前提下，组织争议双方进行调解，以使争议得到及时、合理解决。调解达成协议的，有关行政部门应当制作调解书，调解书应当写明申诉请求和当事人协议的结果。调解书由办案人员签名，加盖有关行政部门的印章送达当事人。对于如何受理消费申诉，国家工商局专门制定了《工商行政管理机关受理消费者申诉暂行办法》，这里因为时间关系，不再展开。

有关行政部门在处理消费者申诉的过程中，如发现经营者违反法律、行政法规，应承担行政责任时，可依法对其予以行政处罚；发现有犯罪嫌疑的，应将案件移交司法机关处理。

【案例】饮过期啤酒受损害，消费者依法申诉获赔偿

1995 年 6 月 18 日，某县城关镇居民王某在一个体副食店购买了两瓶啤酒，拿到啤酒后，王某见啤酒的生产日期模糊不清，便询问店主该啤酒是否过期，店主告之这批啤酒才进货不久，质量没问题，也没有过期。但王某买回饮用后，即感肚子难受，随后上吐下泻，被送医院治疗，经医院诊断，王某为食物中毒。王某怀疑食物中毒系啤酒所致，便向县技术监督局申诉，请求处理。县技术监督局接到申诉后，立即派人对该个体副食店进行调查。结果表明，该店现存的几箱啤酒均已超过保质期，有的啤酒经摇晃后酒液呈混浊状。同时，还查出该店货架上的30瓶糖水菠萝罐头、34瓶糖水苹果罐头均已超过保质期。经调解，个体副食店店主同意赔偿王某的全部医疗费用以及两天的误工损失。此外，县技术监督局还根据《产品质量法》和《消费者权益保护法》的有关规定，没收该店尚未售完的过期食品和出售过期食品的违法所得，并处以罚款200元。

本例中，个体副食店出售过期变质啤酒，致消费者食物中毒，其行为既损害了消费者的合法权益，又触犯了《产品质量法》、《消费者权益保护法》的有关规定，依法应承担民事责任和行政责任。对民事责任部分，县技术监督局通过调解，使争议得以妥善处理；对行政责任部分，县技术监督局则依法给予了行政处罚。县技术监督局的上述处理方式是正确、合法的，既让消费者的民事权利得到了有效的保护，又使经营者的行政违法行为受到了应有的制裁。

【链接1】消费者如何进行申诉

消费者决定申诉时，应依照商品和服务的性质向具有相关职能的行政部门提出。消费者申诉一般应采用书面形式，一式两份，并载明下列事项：

（1）消费者的姓名、住址、电话号码、邮政编码；

（2）被申诉人的名称、地址、联系电话、邮政编码；

（3）申诉的要求、理由及相关的事实根据；

（4）申诉的日期。必要时，消费者可委托代理人进行申诉活动，但需向有关行政部门提交授权委托书。

消费者向有关行政部门提出申诉后，如果与经营者协商和解，达成和解协议的，可以撤回申诉，请求有关行政部门根据和解协议作出调解书。如果与经营者达成仲裁协议，可以撤回申诉，向仲裁机构提请仲裁。如果想通过法律途径解决，可以撤回申诉，向人民法院提起诉讼。

【链接2】申诉权－非正式行政申诉

非正式行政申诉是相对于基于法定申诉权提起的正式行政申诉而言的。其基础并非主观公权利，是否受理取决于行政机关的酌情判断，如何处理也在很大程度上属于自由裁量的范畴，不能直接消灭或变更违法或不当行政行为。学术界有一种理解，认为申诉是指相对人对已经过复议、诉讼期间或已经过复议甚至诉讼的原具体行政行为，向原行政机关、上级行政机关或行政机关的专门部门所作出的不服表示。这是受诉讼申诉概念影响的结果。实际上法律并没有对非正式行政申诉作上述限制，行政申诉与行政复议、行政诉讼的区别之一正是它没有期限限制。

非正式行政申诉在各国的实践中普遍存在，其典型形态有：

（1）我国的信访制度。指公民、法人或其他组织采用书信、电子邮件、传真、电话、走访等形式，向各级人民政府、县级以上人民政府工作部门反映情况，提出建议或者投诉请求，依法由有关行政机关处理的活动。信访包括行政监察与行政上的申诉处理两个方面。经过几十年的发展，现如今信访的主要功能是化解纠纷、实现救济。

（2）日本的苦情处理制度。是指就行政机关的业务听取私人的不平、不满等苦情，并对该苦情采取某种对策。苦情处理具有对象广泛、没有申诉时间的限制、申诉简单等优点，虽不具有法的效果，缺乏强制力，但通过和行政监察制度相结合，不仅限于该案件，而且和行政运作的一般改善相联系。

（3）法国的调解专员制度。法国的调解专员和瑞典的议会监察专员不同，是一个具有独立地位的行政机关。当事人的申诉经国会议员转交于调解专员，调解专员可以行使包括调查权、调停权在内的各项权力，虽然他们的决定不具有执行力，但也可以给公民提供不同与诉讼救济的救济。

【链接3】申诉权—正式行政申诉

在我国已经有部分申诉权得到具体法律的明确规定，成为一种具体的“获得权利救济的权利”，性质上属于受法律保障的程序性权利，相关人员依法提起申诉的，受理申诉的机关有义务对此进行审查并作出决定。主要有公务员申诉、教师申诉和学生申诉。

国家公务员申诉：国家公务员对国家行政机关做出的涉及本人权益的人事处理决定不服，可以依据国家公务员法律规定，向原处理机关、政府人事部门或行政监察部门提出重新处理意见和要求。相关的法律主要有：《行政复议法》第8条、《行政监察法》第37条、《国家公务员法》第十五章的规定。申诉的客体限于直接侵犯国家公务员个人与国家公务员身份有关的那部分权利和利益的违法和不当行为。

申诉的渠道有三：（1）向原处理机关申请复核；（2）向

同级公务员主管部门或者作出该人事处理的机关的上一级机关提出申诉；（3）对“处分”不服可以向监察机关申诉。对省级以下机关的申诉还可以再申诉。

教师申诉：教师对学校或其他教育机构及有关政府部门作出的处理不服，或其合法权益受到侵害时，可以向有关教育行政部门或其他政府部门申诉理由，请求重新作出处理。其法律依据主要是《中华人民共和国教师法》第39条的规定。教师申诉的客体是侵犯教师在职务聘任、教学科研、安排工作任务、达到教师工作必备条件、民主管理、培训进修、考核奖惩、工资福利待遇、退休、被非法开除、除名、停止社保费缴纳、终止教师社保关系等各方面的合法权益的行为。教师申诉受理的主体是所隶属的教育行政机关。另外，该制度对受理机关作出处理的期限也作了限制，即教育行政机关必须在接到申诉的30日内作出处理。

学生申诉：学生因对学校有关职能机构或人员作出的有关处理决定不服，或认为其有关具体行为侵犯了自身的合法权益，可以申请学校依照规定程序进行审查处理。学生申诉权的法律依据主要是《教育法》第四十二条规定。但是《教育法》只是十分简略地提及了学生的申诉权，并未就构成学生申诉制度的一系列问题作出具体明确的规定。我国学生申诉制度仍处于起步和创建阶段。

4. 产生争议时，农民朋友可以根据与经营者达成的仲裁协议提请仲裁机构仲裁

所谓仲裁，是指双方当事人在争议发生之前或者争议

发生之后达成协议，自愿将争议交由第三方作出裁决，以解决争议的法律制度。根据我国《仲裁法》的规定，平等主体的公民、法人和其他组织之间发生的合同纠纷和其他财产权益纠纷，可适用仲裁。由于消费争议往往直接涉及到争议双方的财产权益，故此种纠纷的解决可适用仲裁程序。

【链接4】我国的仲裁工作应遵循以下原则

一是自愿原则。亦即当事人采用仲裁方式解决纠纷，应当由双方自愿达成协议，没有仲裁协议而一方申请仲裁的，仲裁组织不予受理。

二是以事实为根据，以法律为准绳，公平合理地解决纠纷原则。仲裁组织作出仲裁裁决应以客观事实为依据，建立在可靠的证据基础上。适用法律时，法律有明文规定的，按照法律的规定；法律无明文规定的，则按照法律的基本精神和公平合理的原则处理。

三是仲裁组织依法独立行使仲裁权原则。仲裁组织依法独立进行仲裁，不受行政机关、社会团体和他人的干涉，但人民法院可对仲裁活动进行必要的监督。

四是一裁终局原则。这是指仲裁裁决作出后，当事人就同一纠纷不能再申请仲裁或者向人民法院起诉。一方不履行仲裁义务的，另一方可向人民法院申请强制执行。

消费者在与经营者发生消费争议后，如果双方协商和解不成，也可在与经营者达成仲裁协议的前提下，提请仲裁机构仲裁。与解决消费争议的其他途径相比，消费者对仲裁这一方式较难操作，在实践中也较少采用。

【链接5】仲裁裁决的撤销

消费者认为仲裁裁决存在问题，并能提出证据予以证明的，可以在收到裁决6个月内向仲裁委员会所在地的中级人民法院提出申请，要求法院撤销裁决。根据仲裁法58条的规定，申请撤销仲裁裁决的法定事由共有七项：(1) 没有仲裁协议的；(2) 裁决的事项不属于仲裁协议的范围或者仲裁委员会无权仲裁的；(3) 仲裁庭的组成或者仲裁的程序违反法定程序的；(4) 裁决所依据的证据是伪造的；(5) 对方当事人隐瞒了足以影响公正裁决的证据的；(6) 仲裁员在仲裁该案时有索贿受贿、徇私舞弊、枉法裁判行为的；(7) 裁决违背社会公共利益。

从我们审理案件的情况来看，当事人申请的理由除第七项违背社会公共利益没有涉及外，其他理由均有涉及，主要集中在 (2) 裁决的事项不属于仲裁协议的范围或者仲裁委员会无权仲裁的；(3) 仲裁庭的组成或者仲裁的程序违反法定程序的；(5) 对方当事人隐瞒了足以影响公正裁决的证据的。而其中仲裁庭的组成或者仲裁的程序违反法定程序的又是最多的。具体表现为仲裁员不在名录，送达程序不合法，仲裁书未送达被申请人，笔录和报告不符，申请人未接到仲裁委指定的鉴定机构的通知，鉴定单位无资质，超审限裁决；依据的仲裁规则前后不一致，应适用《仲裁规则》而适用了《仲裁暂行规则》，漏列被申请人等等。

5. 产生争议时，农民朋友可以向人民法院提起诉讼

诉讼，是指人民法院和诉讼参加人、其他诉讼参与人

为解决纠纷依法定程序所进行的全部活动。根据诉讼解决纠纷的不同性质，诉讼可分为民事诉讼、刑事诉讼和行政诉讼。由于消费争议是一种民事权益纠纷，故此处所称的提起诉讼是指提起民事诉讼，亦即消费者在自己的合法权益受到经营者不法侵害后，可直接向人民法院提起民事诉讼，请求司法保护。消费者向人民法院提起民事诉讼应符合下述条件：(1) 自己与本案有直接利害关系；(2) 有明确的被告；(3) 有具体的诉讼请求和事实、理由；(4) 属于人民法院受理民事诉讼的范围和受诉人民法院管辖。同时，起诉一般应向人民法院递交起诉状，起诉状应记明下列事项：(1) 双方当事人的基本情况；(2) 诉讼请求和所根据的事实与理由；(3) 证据和证据来源，证人姓名和住所。人民法院对符合法定条件的起诉，必须受理；对不符合法定条件的起诉，应不予受理并告知不受理的理由。

根据我国《民事诉讼法》的规定，民事诉讼程序大致分为起诉和受理、审理前的准备、开庭审理、裁决和执行五个阶段。由于消费争议大多属于事实清楚、权利义务关系明确、争议不大的简单民事案件，人民法院对此可适用简易程序进行审理，并可视案件情况到案发地就地办案，以提高办案效率，促使争议的及时解决。从国外的经验看，由法院设立小额裁判庭及时处理日常消费纠纷，表现出简单、迅速、行之有效的特点，值得借鉴。如澳大利亚根据消费纠纷数量大，争议小的特点，在各州都设立小额投诉法庭，以便迅速审结这些案件，及时给消费者一个说法。澳大利亚消费者亲切地描述小额投诉法庭为“吃早餐的功夫就可申张正义”。

【案例】经营者不履行“三包”义务，法院判决消费者胜诉

1995年10月，天津市北辰区居民王某花1600元在该市某燃气用具经销部购买了一台热源机。购货时，经销部言明对该商品负责保修1年。但这台热源机仅用了4个月，就发生了故障。王某多次找到经销部要求修理，但经销部先是敷衍推脱，后又无理要求消费者到生产厂家修理。王某只得自雇出租车将热源机运至厂家进行了修理，花去修理费50元，租车费50元。当王某找到经销部要求支付上述两项费用时，遭到拒绝，双方遂发生争执。王某找到区消费者协会请求调解，但经营部对消协的调解通知置之不理，致使调解无法进行。王某一气之下，向天津市北辰区人民法院提起民事诉讼。

北辰区人民法院开庭审理后认为：被告某燃气用具经销部出售商品，对保修期内出现的故障应依法承担修理义务，而被告拒不履行此项法定义务，应依法承担消费者付出的修理费、运费和误工损失。据此，人民法院根据《消费者权益保护法》和《民法通则》的有关规定，判决被告某燃气用具经销部赔偿王某修理热源机的修理费50元，运输费50元，误工损失220元。判决生效后，人民法院将上述费用执行到位。

本例案情简单，责任分明，但经营者无理拒绝履行“三包”义务，对消费者协会的调解通知也置之不理，对这类蛮不讲理的经营者，只有诉诸法律，将其送上法庭，才能使其明白什么叫做尊重消费者，什么叫做法定义务。本例虽然争执的标的不大，但消费者王某这种不达目的不罢休的精神值得称道，也只有如此，才能使不法经营者受到应有制裁，使消费者的合法权益得到有效保护。

【链接】消费者权益小额诉讼

小额诉讼程序可分为广义与狭义两种，前者与一般简易程序并无严格区别，二者仅仅是诉讼标的额和简易程度有所不同而已。在这个意义上，各国的地方法院或简易法院，如法国的小审法院、德国的地方法院及其简易程序都属于小额诉讼程序的范畴。20世纪后半叶以来，世界各国都在积极进行司法改革，把简易、便利、快速、低廉作为改革民事诉讼程序的基本目标。因此，简易程序开始普遍受到重视。当代小额诉讼程序（即狭义小额诉讼程序）此时作为一种新型程序应运而生，其建立不仅是基于对民事案件进行分流处理、减轻法院负担的一种构想，也在于实现司法的大众化，“通过简易化的努力使一般国民普遍能够得到具体的有程序保障的司法服务”。与传统的简易程序比较，小额诉讼程序具有以下特征：

（1）传统的简易程序是根据诉讼标的额或纠纷的性质及复杂性进行划分的，小额诉讼程序的适用范围则更加单纯，基本上限于债权债务纠纷，通常被设立为独立于一般简易程序的特别程序。

（2）程序简便，完全按照常识化的方式进行运作。“小额诉讼请求程序所追寻的理想不需法律技巧的简易和效率”。

（3）注重调解。小额诉讼一般采取调解与审判一体化，在审理过程中可通过谈话的方式，让原告和被告直接对话，法官也不使用晦涩难懂的“法律语言”，而是积极规劝，促成当事人的和解。

（4）从形式和性质上看，小额诉讼程序属于一种民事诉讼程序，原则上由职业法官主持审判，因而与各种法院附设的非诉讼程序（ADR）存在明确的区别。这种程序本身仍属于法院诉讼活动的组成部分，目的在于为公民提供一种低成本的、简便的司法救济。一般而言，在小额诉讼程序中，法官的职权和自由裁量权都得到积极发挥。然而，近年来在实际运作中，有些小额程序逐渐开始与非诉讼程序接近和融合，从而加大了小额程序与普通程序的背离。

我国现行民事诉讼法规定了简易程序，但是在实践中，简易程序的规定对简易事件的解决尚不够理想，对涉及消费者的小额纠纷就更难以发挥作用，因为小额轻微事件比简易事件更需要简便迅速的解决，在诉讼程序及审级救济方面有其独特的要求。在当初制定《消费者权益保护法》的时候，很多专家学者就提出设立小额法庭的议案，建议在该法中对小额法庭和小额诉讼做出特别规定。近年来，邱建东诉中国电信、高河垣诉新华书店等代表性案件的出现，也对小额诉讼程序的建立提出了更加紧迫的要求。实践中，江苏省南京市秦淮区人民法院在1993年率先成立了保护消费者权益法庭，此后云南省昆明市中级人民法院、湖南省常德市临澧县法院等纷纷效仿。这对于我国建立消费者小额权益纠纷的小额诉讼制度提供了有益的经验。由于小额轻微案件争议权利十分微小且与公众日常生活密切相关，因此在我国构建独立的小额诉讼程序非常必要。构建我国的消费者小额诉讼制度，必须以简易、迅速、低成本理念为指导，保障当事人的裁判请求权，尤其是保障当事人诉诸司法的权利。

【案例】

飞度音像器材商店从东方集团有限公司购进松下彩色录像磁带4000盒。当时，东方集团有限公司告诉飞度音像器材商店，这批录像带不是日本松下公司原产正品，质量差一些，双方以每盒30元成交。之后，飞度音像器材商店以每盒60元的价格将录像带全都售出。同年6月起，陆续有消费者到飞度音像器材商店反映该店所卖松下彩色录像带质量低劣，要求退货。飞度音像器材商店均答复，商品售出，概不退换。消费者于飞度以600元人民币从该店购买松下彩色录像带10盒，为了挽回损失，他积极向该市南市区工商局进行了举报，该市南市区工商局经派人调查，并将于飞度提供的4盒录像带送交市工业产品质量监督检验部门进行技术检验，结论为：送检4盒录像带胶片不洁净，有表皮脱落、黑斑等现象；长度不够，质量明显低于日本产松下录像带。该市南市区工商局认为，飞度音像器材商店以次充好变相提高商品价格，据此作出处罚决定：(1) 对飞度音像器材商店予以通报批评；(2) 责令商店将违法销售所得退还消费者；(3) 罚款10万元。

本案涉及到消费者争议的解决途径问题。《消费者权益保护法》第34条规定，消费者与经营者发生争议可以和解、调解，申诉、仲裁、起诉五种途径解决问题。消费者可以根据自己的意愿选择其中的一种方式或途径。而且在前四种方式不能得到解决时，也可以通过向人民法院起诉的方式求得解决。在本案开始时，消费者到飞度音像器材商店反映录像磁带质量低劣，要求退货，这就是与经营者直接协商和解的方式。只是，该商店漠视消费者的利益，拒绝协商解决。在这之后，消费者又向该市南市区工商局投诉，经过该局的调查了解，在搞清事实的基础上，依法追究了飞度音像器材商店的法律责任。此外，飞度音像器材商店销售的质量低劣的录像带，是该店从东方集团有限公司买来的，因此。还应视情节追究东方集团有限公司的连带责任。

二、实际生活中维护消费者权利时，农民朋友需要注意的事项

【小贴士 1】旅游消费维权四点提示

提示一：出行是自助还是选择旅行社：

目前，公民出门旅游大多选择旅行社，这是因为旅行社组织旅游比自行出游有规模经营上的价格优势；旅游行程有保障；途中有导游讲解，可有较大收获；出现服务质量等问题可到旅游质量监督部门进行投诉，经过调查、核实属实的，可以获得理赔。但自助游也有其长处。具体如何选择，由旅游者自己决定。

提示二：认清旅游广告：

规范的旅游广告，应有旅行社的名称、许可证号和法人代表等内容。不规范的广告往往是非法经营旅行社业务的个人或机构，在广告中既无企业名称，又无办公场所，冠之以“某某假期”、“某某之旅”的名称，联系方式仅为手机，旅游质量无法保证。

提示三：确认旅行社资质：

旅行社是许可经营的行业，出境游更是特许经营的业务。

因此在选择旅行社时，要确认旅行社的经营范围。报名时要注意查看“一照”和“一证”。“一照”是指工商部门颁发的营业执照，“一证”一指旅游部门颁发的旅行社业务经营许可证。许可证由国家旅游局统一印制，上面载明许可证号码、旅行社名称、营业场所、许可经营业务、质量保证金数额和许可证有效期等内容。许可经营业务范围为国内旅行社经营业务的，只能作国内旅游组团、接待业务。国际旅行社除可以经营国内游外，可以经营海外游客的入境游，其中，全国有528家国际旅行社有资格经营中国公民出境游业务。请大家认准经营范围再出游。关于旅行社的资格，广大游客还可以通过“中国旅游网”查询。

提示四：认真查看合同内容并索要和保留好发票：

合同、发票或收据都是重要证据。索要发票后要妥善保存好，日后一旦发生纠纷，可作为凭证。

合同对旅游内容、费用、退团、转团、合同变更以及甲乙双方的权利义务都有明确规定。旅游者应对合同的条款仔细阅读，对于一些容易引发纠纷的事项要在合同中明确约定，如：购物的地点和次数；住宿的标准（是招待所还是星级饭店，不要相信“准×星”的字眼）；交通工具的标准（火车是快车还是慢车，汽车是进口还是国产，有无空调）；餐饮的标准（行程几天中共有几顿正餐、几顿早餐）；小孩的费用（是否含床位和交通工具的座位），等等，把以上这些环节约定清楚了，可以避免日后纷争。

【小贴士 2】汽车维权

广东一位车主驾驶某品牌越野车在时速 50 多公里时，左转弯翻车造成左胳膊截肢。她为举证花费了大量财力、精力，均无法证明是汽车质量的问题导致了这次事故，直到从网上得知在美国进行的这种车型试验中，发现存在设计缺陷，她才得到有力证据。

每遇汽车质量投诉，生产厂家或服务商都会要求消费者进行鉴定或检测。但消费者往往难以费时费力费金钱地去做鉴定或检测。因此，在此类纠纷中，造成问题长时间僵持，矛盾难以解决。

维权困惑：这样的官司怎么打

郭先生花 468 万元购买了英国某公司生产的一辆豪华汽车。该车行驶到 4089 公里时，在正常驾驶情况下，转向拉杆突然脱落，汽车行驶方向失去控制。他将销售该车的北京某公司告上法庭。被告却认为，北京公司不该是本案第一被告，原告不能把生产者扔在一边，只告销售商。

此案说明消费者、销售商、生产厂家三者之间在商业行为的过程中，责、权、利往往不明确。现行的相关法律虽然有些规定，但是实际操作起来存在困难。

维权不足：我是皮球你来踢

在汽车消费投诉中，售后服务占到了汽车投诉总数的近七成。上海三星诚信维修单位南空汽车修理厂负责人表示，从总体上看，目前国内的汽车售后服务大环境还是比较规范的，但确实还有许多不尽人意之处，反映维修行业存在较多的还是服务人员素质低、维修技术质量差、配件假冒伪劣、收费及拖时等问题。

另外，有些非常清楚的事故责任，会被经销商、厂商、维修厂三方面互相推诿、来回“踢皮球”，使得问题迟迟得不到解决。

“维权过度”：让你满意真的好难

对于经销商普遍认为的“现在消费者难侍侯”，上海宝乐汽车销售有限公司邓剑钧副总经理认为，不少汽车投诉完全是因为消费者和商家之间的误解造成。如果商家能在卖车的过程中为消费者介绍得更加明白一点、具体一点，消费者的投诉就会减少很多。

消费者维权过度与否，受到来自维权机制、维权法律、维权案例等外在因素的影响，也取决于厂商、消费者和经销商三方的协调，消费者在投诉时关键是要有理有据，才能更好地维权。

车主维权要点：

（1）尽可能提早发现问题。要加强汽车知识，在购车时多问、多看、多了解，尽量把各类问题在购车前就妥善解决，不要留下尾巴。同时提高法律意识。当自己的权益受到侵害而又得不到妥善处理时，要积极拿起法律武器。

（2）尽可能按国际惯例提出要求。消费者完全有权利依照国际惯例，向问题车厂家要求召回检修，要求制造商无偿地更换存在危险隐患的零部件，要求经营者支付相应的损失赔偿费用，赔偿由于使用了不合格零部件而造成的人身财产方面的损失。

（3）尽可能协商解决问题。消费者最直接的就是与经销商协商解决。如果问题解决不了，还可以与厂商协商解决。消费者可以提出退货、“包换”等要求。如果新车上了牌照、办理了有关上路手续后，消费者还可以请求部分经济赔偿。如果不能协商解决，消费者可以请求消费者协会调解或采取法律诉讼等方式。

（4）尽可能采取直接有效的途径。消费者根据汽车产品瑕疵的实际情况，应尽量采取最直接、最有效、时间最快、成本最低的途径。

（5）尽可能避免将维权诉求扩大化。汽车消费维权的诉求，尽量避免脱离实际。这也是保障法律公正、公平的客观需要。过去消费者对厂商缺乏信任感，但现在随着市场形势的变化，厂商观念也发生了很大转变，主观上都愿意为消费者提供实实在在的服务。

（6）尽可能避免将维权提早司法化。通过司法介入进行维权，是完全正当的、合理的，但是也有一个司法介入的时间和对象的问题。购车纠纷和服务质量问题，也有少数属于安全事故问题，这些都可以通过质量投诉机构依法协调解决。

【链接】名牌服装屡现质量问题

上海、广州众多知名品牌服装被查出存在安全隐患，再次证明高价不是质量的保证。近日，上海市工商局检测了 40 种知名品牌服装，共 59 个样品。结果显示，有 25 种服装不合格，不合格率高达 42.4%。其中标注进口的服装占 24 种，飒拉、香奈尔、阿玛尼等国际知名品牌纷纷落马。随后，广州市工商局也抽检了当地市场销售的进口名牌服装，结果同样很不理想。

调查结果公布之后，上海、广州全面展开了清查撤柜专项行动，不合格品牌的服装全面下架。此外，北京市工商局局长张志宽也表示，会尽快对北京市场进行调查。

结果发现知名品牌年年不合格。其实，国际知名品牌服装几乎年年都会传出“不合格”新闻。

2004 年 7 月，国家质量监督检验检疫总局抽检了 403 个进口纺织品和服装样品，甲醛含量、pH 值等安全指标不合格率达 45.7%。

2005 年 2 月，上海出入境检验检疫局抽取了 31 个批次的进口国际知名品牌服装，其中有 20 个批次的产品不合格。

不仅是服装，连进口鞋类也是问题不断。2006 年底，浙江省工商局对该省进口鞋类的质量进行了抽样检测。结果显示，被抽样的 46 个批次进口鞋，竟有 35 个批次不合格。其中包括路易威登、瓦伦蒂诺、D&G 等十多个世界顶级品牌。

观察后不难发现，导致进口服装不合格的问题总是那几个：甲醛含量、pH 值超标，染色牢度不够，纤维含量和标识标注不符合国家强制标准等。

甲醛含量和 pH 值均属安全性指标。该指标不合格，会直接危害健康。比如，含甲醛的服装会释放出游离甲醛，对呼吸道黏膜和皮肤产生强烈刺激，引发呼吸道炎症和皮肤炎症。而 pH 值过高或过低，会使皮肤受其他病菌侵害。

问题究竟出在哪里？北京化工大学理学院院长万平玉解释说，从制作工艺上来看，布料在染色过程中需使用一些化学物质。这些原料必须经过固定比例的配制才能安全上色。一旦比例不准，就可能出现甲醛含量或pH值超标。

衣服制作完成后，一般需要通过加热或烘干处理以便定型。在这个过程中，衣料中的甲醛会有所挥发，因而服装也会更加安全。如果缺少这道工序，自然会令服装甲醛含量不合格。

“某些服装包装用品不合格，也是原因之一。”万院长说，比如衣服里面衬的纸板，或包装封口处的黏合剂，都有可能是甲醛超标产品，这会间接“牵连”服装本身。

知名品牌服装虽然屡屡出现质量问题，但仍受到众多消费者追捧。专家认为，这和错误的消费观念有关。一些消费者在接受《生命时报》记者采访时表示：“外国的东西再差，总比国内的假冒伪劣好吧？”

我国缺乏有效的检测手段，更是让不合格进口服装有恃无恐。国家棉纺织产品质量监督检验中心主任王宝军在接受媒体采访时曾表示，服装甲醛问题频出，主要原因就是我国还没有建立服装产品市场准入制度。“这是一个严重的‘后门’。虽然服装上市前必须送检，但不是每批次都要送检。上柜前，商场虽然要求企业出具检验单据，但不要求每批次产品都提供检验单据。这些都是监管缺位的直接表现，也最终导致国外知名品牌质量问题频发。”专家指出，我国应尽早建立完善的进口产品监管制度，填补检测手段方面的空白。

国际知名品牌出现一系列严重的质量问题，对崇洋媚外的国内消费者来说，无异于当头一棒。希望那些盲目迷信外国品牌的人能趁此机会反省自身问题，学会“理性消费”。

【链接】食品安全问题

2004 年 7 月 5 日《中国青年报》报道，根据一项调查，有 82% 的中国民众担心食品安全问题。调查还发现，有超过 90% 的受访者表示，曾经在生活中遇到过食品安全问题。对于具体的食品安全问题，有超过一半的受访者认为，达不到国家卫生标准的食品最令人担心，其次是假冒知名品牌的食品，也有人担心过了保质期却还在销售的食品。这项调查是今年五六月份进行的，范围涵盖全国 31 个省、自治区和直辖市。

另据权威部门透露：国内消费者对任何一类食品安全的信任度均低于 50% 。近日，杭州质监、工商、卫生等部门在杭州江干区联合查处 4 家豆芽加工黑窝点。在一豆芽加工黑窝点，过期药剂和漂白粉随处可见。这些被查处的豆芽作坊“毒气”熏人，工人戴着面罩生产豆芽，不但加工环境脏乱差，而且随意添加各种有害物质。戴面具才敢加工的豆芽你敢吃吗?

故此，有关部门指出：目前国内食品安全面临的形势依然严峻，食品卫生平均不合格率仍达 8% 左右，蔬菜农药残留超标率约为 7% ，据调查，消费者对任何一类食品安全性的信任度均低于 50% 。

【案例】

（1）约 1/3 人的癌症是吃出来的。

2001 年在北京召开的食品安全高层研讨会上，有关专家估计，我国每年实际发生食物中毒例数至少在 20 万—40

万人，这一数字的公布，使得食品安全问题再度成为消费者关注的热点。会上有关专家指出，果蔬残留农药、有机磷［organophosphorous pesticide］会引起神经功能紊乱，重者会中毒死亡。果蔬食品的重金属、亚硝酸盐［nitrite］污染属于慢性积累中毒，是导致癌症、软骨病等多种疑难怪病的因素之一。

“约1/3人的癌症是吃出来的。”参加会议的中国疾病预防控制中心营养与食品安全所的陈君石教授这样直言告诫世人。

（2）海南椰果加工使用违禁添加剂现象。

2004年6月6日，在海南发现的椰果加工使用违禁添加剂现象触目惊心，并将海南椰果加工厂使用非食品原料加工椰果的情况予以曝光。海南省食品药品监督管理局联合省卫生厅、省工商局及质量技术监督局，截至16日的10天时间内，有关部门检查椰果加工厂41家，发现其中17家加工厂无卫生许可证，9家无营业执照，7家涉嫌使用对人体有害的化工原料加工椰果，查封椰果成品、半成品90余吨，椰果培养盘33万盘，查获工业用双氧水［hydrogen peroxide］、氢氧化钠［sodium hydroxide］、硫酸镁［magnesium sulfate］、硫酸铵［ammonium sulfate］等工业原料一批，已立案15宗，其中两家加工厂涉嫌利用有害人体的非食品原料生产椰果案已移交公安机关处理。据了解，海南岛年产椰子2亿个，产量约占中国产量的99%。

（3）毒黄花流向全国。

2004年7月开始，毒黄花正在流向全国市场：2004年3月13日，沈阳卫生监督所查处了满满7卡车二氧化硫

[sulfur dioxide] 残留超标近 200 倍的黄花菜，共计 24.5 吨。然而，在黄花菜主要产地——河南平舆县和湖南省祁东县等地发现，这区区 24.5 吨仅仅是冰山一角。据衡阳市卫生局介绍，沈阳查出 24.5 吨毒黄花菜不仅来自祁东，部分来自陕西、福建等地，“这说明黄花菜的硫加工有广泛的基础。”

成为众矢之的的毒黄花菜，其含硫量来自一种合法的食品添加剂“焦亚硫酸钠”。焦亚硫酸钠的成分中约 30% 为二氧气化硫，按照国家 1992 年实施的《食品添加剂使用卫生标准》的规定，焦亚硫酸钠无论作为防腐剂还是漂白剂，都不能用于黄花菜的加工。

一位祁东籍的菜贩子说，1992 年河南平舆县开始种植黄花菜，加工技术传自湖南祁东，农户从一开始就做药菜，“加硫粉”很容易。在现场，农户把刚摘下来的黄花菜倒入一个大塑料袋里，每达到一定的厚度就洒一层焦亚硫酸钠，整个过程没有添加水。这样下来一般 100 斤的鲜菜要洒 5 - 6 斤焦亚硫酸钠，如果按照大概 8 斤鲜菜可以制作 1 斤干菜这个比例计算，几乎每 25 斤干菜就加了 1 斤焦亚硫酸钠。

“我们不是在吃黄花菜，而是在吃焦亚硫酸钠!”。然而这仅仅是第一步，而后还要经过焦亚硫酸钠的洒、薰等几道工序加工，如此摆上餐桌的黄花菜硫含量超标何止几百倍!

有关资料显示，如果食用了二氧化硫超标的食物，人体会出现急性中毒表现，头晕、呕吐、恶心、腹泻、全身乏力，胃黏膜损伤等，严重时会毒害肝、肾脏，引起急性中毒。同时，二氧化硫还是一种致癌物质。被滥用的焦亚硫酸钠已成为埋在黄花菜里面的一颗定时炸弹，但农户们并不知道这些知识，他们自己甚至每天都在吃这种药菜。

（4）被严重污染了的日常生活必需品——食盐

西方的先哲和诗人们，每每用盐来颂扬爱情和友谊，中国老百姓也把盐列为“开门七件事”中的必须品，可我们现实中的盐却成为毒祸民众的毒物。国内最近发生多起亚硝酸盐食物中毒事件，共有403人中毒、2人死亡。卫生部日前发布今年第四次食品卫生预警公告，提醒民众要从正规商业网点购买食盐，千万不要购买私盐以及使用来历不明的“盐”类物质，防止亚硝酸盐食物中毒事件。亚硝酸盐在食品加工中可用作护色剂，具有很强的毒性，摄入三克即可致死。中毒症状为：头痛、头晕、胸闷、气短、心悸、恶心、呕吐、腹痛、腹泻、口唇、指甲及全身皮肤与粘膜呈现紫绀等。严重者意识朦胧、烦燥不安、昏迷、呼吸衰竭以致死亡。

另据，卫生部报告显示：山西晋中市某大酒店非法使用亚硝酸盐，造成168人中毒；陕西省春锋堂非法使用亚硝酸盐，造成115人中毒；吉林省长春市因不法分子用亚硝酸盐投毒，造成117人中毒；湖北省咸宁市一家庭因误食亚硝酸盐，造成3人中毒，其中2人死亡……

而目前私贩食盐的犯罪活动在全国各地却愈演愈烈：近日，四川省盐务局接到举报称，有千余吨私盐已经分别从湖北、青海通过铁路贩运潜入四川，这些私盐托运申报品名为添加剂、石材、米石、石膏粉等。守候两个多小时后，执法人员感觉跟踪行动可能暴露，遂立即奔向货车开箱检查，发现两货车内装有54.8吨私盐，当即将两货车驾驶员和另一蓝色奥拓车驾驶员拦下。随后，盐政、公安又分别在绵阳货站、成都火车东站共扣押了近110吨同样来自湖北的私盐。盐政部门查获了其中160余吨私盐，执法人员对所查获的私盐进行初步检测发现均为工业用盐，并非食用盐。根据调查，从去年12月底至本月初，短短3个多月里共有1800余吨涉嫌私盐从湖北等地潜入四川，让人震惊。据四川省盐务局有关负责人称，卖一吨私盐非法牟利至少400元。如果盐贩将这些私盐分装成小袋假冒食用盐销售，每吨售价将高达1100多元，盐贩的牟利空间每吨高达700多元。加之湖北、青海等地私盐厂较多，而四川省对盐产品需求量较大，从而导致来自湖北、青海等地的私盐十分猖獗。

据有关专家称，工业盐主要用于制碱、锅炉软水、染料、肥皂及洗衣粉、饲料加工等领域，而流入食用领域，其危害不小。因其内含有亚硝酸盐等成分，人吃了以后会发生慢性中毒。一般而言，人只要摄入0.2克到0.5克的亚硝酸盐，就会引起中毒；摄入3克亚硝酸盐，就可致人死亡。同时，工业盐不含碘，人的身体若严重缺碘会导致疾病发生。四川省盐务局有关负责人称，有关科学研究表明，如果人的身体缺碘，轻者会出现10%至20%的智力损失，重者则会出现孩子瘦小甚至痴呆的后果。

在西安市也有1.82吨私盐被查获。截至1月18日，共检查农贸市场35个，餐饮企业600家，超市139个，个体经营户6360户，建筑工地118家，学校食堂170家。查获各类私盐1.82吨，查处违规经营户25家。

在未获得经营许可证的情况下大肆贩盐，即墨市三盐贩在1999年至2004年7月期间先后批发来203吨盐卖给一些小商店和个体户，最终被工商部门查获。法院经审理认为，三盐贩已构成非法经营罪，遂判处谭某有期徒刑8个月、孙某有期徒刑1年、李某有期徒刑6个月。

山东趁机打击涉盐违法犯罪，仅济南就共查获私盐92吨。

又从江苏省盐务管理局获悉，为保证目前腌制季节用盐安全，省盐务管理局从即日起至下月20日，在全省范围内开展“旺旺行动”打击私盐。据盐务官员介绍，今年以来全省已查扣1000余吨私盐。仅其下辖的丹阳就已将4吨伪劣私盐销毁：日前，丹阳市盐务部门在该市开发区一超市内，发现有假冒丹阳盐业公司新一代500克海盐在销售。盐务部门会同公安，当场抓获供应商黄某某。经过突击审查，黄某某交待他的上线是安徽定远人代某某，为此盐务执法人员采取引蛇出洞的办法让他供货，经过2个小时的伏击守候，终于抓获代某某本人，并在其运输工具中查获假冒丹阳新一代500克海盐250公斤。随后，执法人员又在其窝点当场查获1125公斤假冒私盐。据代某某交代，他共经销假冒新一代小包装海盐2.4吨；假冒加碘大包装食用盐1.6吨。这批假冒私盐是他10月中旬从上海浦东购进，在丹阳私自进行销售的，并相继在7处小型超市进行贩卖。

三、当合法权益受到损害时，农民消费者享有索赔权

《中华人民共和国消费者权益保护法》第三十五条：

消费者在购买、使用商品时，其合法权益受到损害的，可以向销售者要求赔偿。销售者赔偿后，属于生产者的责任或者属于向销售者提供商品的其他销售者的责任的，销售者有权向生产者或者其他销售者追偿。消费者或者其他受害人因商品缺陷造成人身、财产损害的，可以向销售者要求赔偿，也可以向生产者要求赔偿。属于生产者责任的，销售者赔偿后，有权向生产者追偿。属于销售者责任的，生产者赔偿后，有权向销售者追偿。消费者在接受服务时，其合法权益受到损害的，可以向服务者要求赔偿。

消费者在其合法权益受到侵害时，可以分别情况向销售者或者生产者请求赔偿：

1. 农民消费者遇到仅仅买到不合格的商品而没有受到其他人身或者财产损害时应当怎么办？

如买回的电视机是劣质产品，无法正常使用；买回的皮鞋是纸糊的，穿上脚就散了架。这时，消费者的损失仅限于不合格商品本身。在此情况下，消费者可以向销售者要求赔偿。销售者赔偿后，属于生产者的责任或者属于向销售者提供商品的其他销售者的责任的，销售者有权向生产者或者其他销售者追偿。

法律之所以作此规定，理由在于此种情况下，销售者所负的责任是产品瑕疵担保责任。而瑕疵担保责任属合同责任的范畴，只有与受损害的消费者有合同关系的产品提供者才负这种责任。销售者与消费者之间有合同关系（买卖合同），因此销售者要负此责任。而生产者与消费者之间没有合同关系，所以生产者不对消费者负责，消费者不能直接向生产者请求赔偿，即使提出，生产者也可置之不理。法律作此规定，有助于强化销售者的商品质量意识，增强其责任感。但这并不意味着加重了销售者的法律责任，因为销售者在赔偿后，即取得了向真正责任者的追偿权。

【案例】出售不合格商品，销售者先行赔偿

1996年1月10日，消费者魏某在南京某购物中心花4665元购买了一件皮大衣。穿用过程中，魏某发现皮衣两袖处有细裂纹和磨损现象，且局部褪色明显。经与购物中心联系，购物中心认为这是由于人为穿着不当所致，不属商品本身质量问题，故不予处理。魏某遂于1996年2月29日向江苏省消费者协会投诉。江苏省消协受理后，立即与省产品质量检验所联系，将皮衣送检，经技术人员手感、外观检查，初步认定皮大衣拉力、牢度不强，色牢度也差。要进一步检测，方可出具正式书面鉴定书。省消协及时将意见反馈给购物中心，同时指出，从现有情况看购物中心应按《消费者权益保护法》的有关规定按原价予以退货。否则，其鉴定费、消费者为此所付出的有关费用都要由购物中心承担。购物中心当即表示接受省消协的调解意见。当年3月5日，魏某从购物中心按原价取回了退货款。

根据我国《消费者权益保护法》的有关规定，消费者在购买、使用商品时，其合法权益受到损害的，销售者有先予赔偿消费者损失的义务。本例中，皮大衣的质量问题责任在生产者，但由于消费者与生产者之间没有合同关系，故消费者不能直接向生产者寻求解决。所以，皮大衣的销售者——购物中心应为皮大衣的质量缺陷向消费者承担法律责任。当然，购物中心承担退货责任后，可追究生产者或向其提供该皮大衣的其他销售者的责任。

2. 农民消费者不仅买到了不合格的商品，而且商品缺陷造成人身、财产损害时应当怎么办？

如买到不合格的高压锅，结果高压锅爆炸不仅导致高压锅本身受损，而且造成了其他财产的损失，这时，消费者的损失就超出了不合格商品本身。在此情况下，消费者就既可以向销售者请求赔偿，也可以向生产者请求赔偿。属于生产者责任的，销售者赔偿后，有权向生产者追偿；属于销售者责任的，生产者赔偿后，有权向销售者追偿。

法律作此规定的理由在于，在此情况下生产者和销售者所负的责任是一种产品责任，而产品责任属于侵权责任的范畴，故产品责任的承担者与受害者之间不一定要有合同关系。所以，与消费者有合同关系的销售者和与消费者没有合同关系的生产者都对受害的消费者负有赔偿责任。由于销售者和生产者对受害的消费者都负有赔偿责任，因此，消费者对求偿主体具有选择权。无论是生产者还是销售者，只要受损害的消费者或其他受害人要求其赔偿，他们均须承担赔偿责任。当然，最终的赔偿责任还是应由有责任的一方承担。赋予消费者对求偿主体以选择权，有助于消费者求偿权的充分实现。

【案例】眼睛被炸伤，消费者有权请求销售者赔偿损失

1994 年 2 月 14 日，消费者郑某到附近一副食品商店购买啤酒。当郑某从售货员手中接过啤酒时，酒瓶突然爆炸，郑某的手、脸均被炸伤，特别是有一块玻璃碎片击中其左眼，售货员脸部也有两处被玻璃碎片击伤。郑某当即被送至市人民医院治疗。经医生诊断，郑某的左眼角膜被击穿，伤势较重，需装人工晶体。医院出具的诊断书为：左眼角膜穿通伤，致眼外伤性白内障，继发性青光眼。须转院治疗。随后，郑某转至省城一家大医院医治，植入人工晶体成功，但左眼视力从1.5下降到0.1。郑某医治期间共花去医疗费、住院费、交通费等费用12300元，误工损失1200元。在郑某住院治疗期间，副食品商店以爆炸责任在生产者为由，要郑某去找啤酒生产厂家索赔，但生产厂家远在千里之外，郑某无法直接去找。于是，郑某便请求消协出面调解，市消协对此非常重视，当即派人到爆炸现场了解情况，并取回了爆炸酒瓶的碎片以作进一步检验。

消协在调解过程中向副食品商店指出，根据《消费者权益保护法》规定，作为销售者，商店有责任承担赔偿义务，即使确属厂家责任，商店亦应先行赔偿，然后再向生产厂家追偿。经消协调解，商店承担了郑某的全部医疗费用及误工损失，并赔偿郑某残疾赔偿金1万元。商店同时决定向生产厂家行使追偿权，挽回自己的经济损失。根据《消费者权益保护法》的有关规定，郑某因啤酒爆炸受伤，他既可向该啤酒的销售者请求赔偿，也可向该啤酒的生产者请求赔偿。由于销售者离家较近，郑某向销售者请求赔偿是合适的，对此，销售者不得以责任在生产者为由而拒绝赔偿。市消协对本案的调解是正确的，完全符合立法精神。当然，本例的销售者在承担赔偿责任后，有权向生产者追偿。

消费者除了在购买、使用商品时其合法权益可能受到侵害外，在接受服务时合法权益受到损害的情况也是较为常见的。如乘车时因车祸而受伤，洗澡时被热水烫伤，买的空调车票坐的却是非空调车，到照相馆洗胶片却被遗失等等。事实上，我国目前服务领域的服务质量令人担忧，损害消费者合法权益的事情也多不胜数。那么，消费者在接受服务时其合法权益受到损害，由谁来承担赔偿责任呢？对此，我国《消费者权益保护法》第 35 条第 3 款明确规定：“消费者在接受服务时，其合法权益受到损害的，可以向服务者要求赔偿。”

3. 实践中农民消费者在接受服务时合法权益受到损害的情形时怎么办？

（1）服务者服务质量低劣，名不符实，从而使消费者的合法权益受到损害。如服务者不明码标价，乱收费用；收费标准与服务标准不符；在消费者接受完服务后对消费者进行勒索等。对这种情况，服务者应退还多收的费用或再提供与收费相适应的服务，以使消费者免受损失。

（2）消费者在接受服务时其人身权益和其他财产权益受到损害，如就医时身体受到伤害，干洗衣服时衣服被损坏，住旅馆时财物失窃等。在这种情况下，服务者应对消费者人身或财产的损害承担赔偿责任。

【案例】手术钳子遗腹中，法院判决赔损失

1988 年 10 月，付某因患结肠癌术后复发，住入陕西省某医院，并进行腹部开放手术。出院后，付某又曾 5 次住入该院进行化疗。在此期间，付某经常感到腹部疼痛不适。自 1993 年 10 月起，付某腹痛加剧。1994 年 1 月，经西安医科大学第一附属医院拍片检查，发现付某腹腔有一金属止血钳。此后，付某多次找某医院协商，但未达成协议。1994 年 5 月，付某遂向西安市碑林区人民法院提起民事诉讼，请求该医院赔偿损失。当月，付某在第四军医大学西京医院剖腹探查，取出一把长 14 厘米的金属止血钳。经法医鉴定：医院对付某病情诊断正确，施行手术成功，但该次手术把止血钳遗留在付某腹中，致付某小肠和膀胱破裂，均达到重伤程度。1995 年，7 月，西安市碑林区人民法院对此案作出一审判决。某医院对一审判决不服，上诉至西安市中级人民法院。西安市中级人民法院经审理认为：该医院在给付某施行手术过程中，违反了手术器械管理规定，致使一把止血钳遗留在付某腹腔内达 6 年之久，其损害达到重伤程度，给付某带来长期痛苦。遂判决某医院赔偿付某医疗费、营养费、交通费等共计 56649 元。

本例是一起医疗事故案，陕西某医院作为服务者，在为消费者付某施行手术过程中，将止血钳遗留付某腹腔内，致付某小肠和膀胱破裂，造成重伤，某医院自应对付某的人身及财产损失承担赔偿责任。类似案件在我国时有发生，在适用法律时，既可适用《民法通则》的规定，也可适用《消费者权益保护法》的规定。

四、当企业分立、合并后，赔偿责任的确定

《中华人民共和国消费者权益保护法》第三十六条：

消费者在购买、使用商品或者接受服务时，其合法权益受到损害，因原企业分立、合并的，可以向变更后承受其权利义务的企业要求赔偿。

随着我国市场经济的发展，企业的分立和合并将越来越频繁。分立，是指一个企业分成两个或两个以上的企业；合并，是指两个或两个以上的企业合并成一个新的企业。如果某一企业在分立或合并前对消费者负有赔偿责任，那么，在该企业分立或合并后，消费者向谁请求赔偿呢？对此，我国《消费者权益保护法》第36条规定包括下述两种情况：

1. 对消费者负有赔偿责任的企业分立后，其赔偿责任的确定。在这种情况下，要看企业分立时对其债务承担是如何规定的。如分立协议明确规定对外债务由分立后的一个企业承担或共同承担，消费者则可向负有赔偿责任的企业要求赔偿；如分立协议没有就对外债务承担作出规定后，消费者则可向分立后的任何一个企业主张赔偿，分立后的任何一个企业都负有向消费者承担全部赔偿责任的义务。

【案例】企业分立后，分立后的企业应对原企业的债务承担责任

1995年11月21日，冯某在某百货商店购买了一个利新电器厂生产的电热杯，价格为39元。1996年7月10日，冯某正用该杯通电烧开水时，电热杯突然爆炸，将冯某脸部、颈部及胸部多处炸伤，经送医院治疗，共花去医疗费用2350元，脸上还留下一道长4厘米的伤口，甚为难看，医生认为如要消除这道伤口带来的容貌影响，须到上海去整容。在爆炸发生的第二天，冯某的家人即向当地消费者协会投诉。消协当即派人查看了现场，并将已炸坏的电热杯送省产品质量监督站进行鉴定。经该站检验确认：该电热杯的多项指标均不合格，属劣质产品，其质量缺陷与爆炸有直接联系。

由于冯某购杯时未要求百货商店开具发票，出售该电热杯的百货商店以冯某不能证明该杯为该商店出售为由，拒绝承担任何责任。无奈之下，冯某只好去找生产厂家——利新电器厂。但发现该厂已于1996年5月分成华新电器厂和利民电镀厂，两厂均以原厂已撤销为由拒绝承担赔偿责任，消协虽从中调解，但两厂态度强硬，无法达成协议。消协遂支持冯某以华新电器厂和利民电镀厂为被告向当地人民法院起诉。人民法院经审理认为：电热杯的生产厂家利新电器厂虽已撤销，但华新电器厂和利民电镀厂承受了利新电器厂的权利与义务，它们应对利新电器厂产品致人损害的后果承担民事责任。经调解，华新电器厂、利民电镀厂与冯某达成如下协议：（1）两厂赔偿冯某的医疗费2350元及误工损失1000元；（2）两厂赔偿冯某的精神损失及今后的治疗费10000元；（3）上述赔偿款项由华新电器厂承担60%，利民电镀厂承担40%。

对消费者负有赔偿责任的企业分立后，分立后的企业应对消费者承担赔偿责任，而不得以原企业已撤销为由加以拒绝。本例中，对消费者负有赔偿责任的利新电器厂虽已撤销，但华新电器厂和利民电镀厂承受了其权利和义务，故它们应对受损害的消费者承担赔偿责任。同时，由于华新电器厂与利民电镀厂分立时未就原企业的债务承担作出约定，故它们应对原企业的债务承担连带责任。在此情况下，冯某有权要求其中任何一个厂承担赔偿责任，当然也可以同时向两厂提出赔偿要求。

2. 对消费者负有赔偿责任的企业合并后，其赔偿责任的承担。合并较之分立，在赔偿责任的确认上要简单一些，由于负有赔偿责任的企业合并后，只剩下一个企业，且该企业应对原企业的权利和义务负责。因此，对消费者负有赔偿责任的企业合并后，消费者可以向合并后的企业要求赔偿，合并后的企业不得以原企业已撤销为由加以拒绝。

五、农民朋友应当了解对营业执照使用者与持有者的责任

《中华人民共和国消费者权益保护法》第三十七条：使用他人营业执照的违法经营者提供商品或者服务，损害消费者合法权益的，消费者可以向其要求赔偿，也可以向营业执照的持有人要求赔偿。

营业执照是工商行政管理部门颁发给经营者的法律凭证。根据我国法律规定，经营者只有在领取营业执照后，才能在营业执照核准的范围内从事经营活动。否则，即属违法经营，依法应承担相应的法律责任。

但是，在现实生活中，也有一些组织和个人由于种种原因没有取得营业执照，于是他们希望通过借用他人的营业执照从事经营活动；与之对应，也有些持有营业执照者由于各种原因没有从事经营活动，其营业执照闲置，于是便将营业执照或有偿或无偿地转借给他人使用。根据我国

法律规定，转借营业执照和借用他人营业执照都属违法行为，它不仅扰乱了社会经济秩序，不利于国家经济管理的顺利进行，而且极易对消费者的合法权益造成损害。从实践中看，经营者借用他人营业执照的原因，不外乎两种情况，一是根本不具备合法的经营条件，虽经向工商行政管理部门申请，但未被核准登记；二是怀着某些非法目的，根本就没有到工商行政管理部门去申请登记，这些非法目的如偷逃税款，短期经营，不愿让消费者知悉其真实情况等。无论经营者属哪种情况，消费者的合法权益都容易受到损害，而且在受到损害后难以得到有效保护。

为了解决营业执照使用人侵害消费者合法权益后，消费者难以求偿的问题，我国《消费者权益保护法》第37条规定受损害的消费者在求偿对象上就具有选择性，既可向直接侵害其合法权益的营业执照使用人请求赔偿，又可向营业执照的持有人请求赔偿。这样，消费者求偿权的实现就有了双重保障。

【案例】出借营业执照，持有人应承担赔偿责任

1995年8月，某校利用其临街房屋办了一个饮食店，并以学校的名义领取了营业执照。经营3个月后，由于经营管理不善，略有亏损。遂决定采用承包经营的方式，将饮食店以每年上交1万元的条件承包给校外人员岳某经营。1997年7月，岳某由于不慎购进了被农药污染的蔬菜，一下造成30余人中毒。经营者岳某见事态严重，遂潜逃外地。中毒者纷纷到学校请求赔偿，学校则以该饮食店已承包给岳某为由予以拒绝。中毒者一怒之下，遂联名将学校告到法院。

法院审理后认为：本案的经营者岳某租用学校饮食店的营业执照从事经营，双方的行为均属违法。根据《消费者权益保护法》的规定，本案的经营者岳某与饮食店营业执照的持有人学校均有义务赔偿受害人的损失。现岳某去向不明，学校应对此承担全部赔偿责任。经调解，学校认识到自己的责任，承担了中毒者的全部医疗费用及其他费用。

本例要说明的是营业执照的持有人与使用他人营业执照的经营者的法律责任问题。人民法院对本案的认定和处理是正确的，作为营业执照持有人的学校，应依法对此承担赔偿责任，而不能以不是自己经营为由拒绝赔偿。另外指出一点，本案法院在解决消费争议的同时，还可建议工商行政管理部门对学校出租营业执照的行为予以行政处罚。

六、农民朋友应当了解展销会举办者与参展单位、柜台出租者与柜台租赁者的责任

《中华人民共和国消费者权益保护法》第三十八条：消费者在展销会、租赁柜台购买商品或者接受服务，其合法权益受到损害的，可以向销售者或者服务者要求赔偿。展销会结束或者柜台租赁期满后，也可以向展销会的举办者、柜台的出租者要求赔偿。展销会的举办者、柜台的出租者赔偿后，有权向销售者或者服务者追偿。

1. 展销会举办者对消费者的责任是什么？

在市场经济条件下，各种类型的展销会应运而生。其

中有一些经营者利用展销会会期短、顾客多的特点，推销自己质量低劣的商品或者服务，使消费者深受其害。由于展销会一结束，参展单位即各自离散，这就使得在展销会上购买商品或接受服务的消费者在合法权益受损害后，很难找到商品的销售者或服务的提供者。而展销会的主办者又往往借口自己并非商品的销售者或服务的提供者，拒绝承担赔偿责任。这就造成在展销会上合法权益受到损害的消费者求偿无门。为解决这一矛盾，我国《消法》第38条规定将消费者在展销会购买商品或者接受服务权益受损的索赔分为两种情况：一是在展销会主办期间，消费者可直接就所受损害向商品销售者或者服务提供者要求赔偿，而不能直接向展销会举办者要求赔偿。二是在展销会结束后，消费者可以直接向销售者或者服务者要求赔偿；但如果找不到销售者或者服务者，或者虽能找到但困难较大，消费者也可以向展销会的主办者要求赔偿。展销会的主办者无论是否负有直接责任，均应先予赔偿。

【案例】展销会结束后，展销会主办者应承担赔偿责任

1994年9月，某市展览中心主办了一次商品展销会。9月15日，亦即展销会的最后一天，该市消费者徐某在展销会上花46元购买了一只某厂生产的压力锅，并要求厂家开具了发票。10月1日上午11时许，徐某新买的压力锅在正常使用时突然发生爆炸，造成抽油烟机、燃气灶具和铝合金窗户的严重损坏，经济损失约为1200元，所幸未造成人员伤亡。10月3日，徐某即到展览中心要求处理，但展览中心要徐某凭发票与生产厂家联系。但此时展销会早已结束，生产厂家又是外省一家不知名的工厂，联系困难，徐某便要求展览中心先行赔偿，被展览中心拒绝。次日，徐某向市消费者协会投诉，请求调解。市消协受理该投诉后，随即派人到徐某家中查看现场，经现场分析，该压力锅未更换过保险阀和保险片，初步认定系保险片不起作用所致，排除了消费者使用不当的可能性。10月5日，市消协组织展览中心与徐某进行调解，并向当事人讲明了《消法》关于展销会主办者与参展单位赔偿责任的规定，指出在该案中展览中心有先行赔偿的义务。调解中，展览中心认识到了自己的责任，同意对徐某的经济损失先予赔偿。

本例属消费者在展销会上购买商品而致合法权益受到损害的情形，对此，消费者可直接请求出售该商品的厂家赔偿。但由于此时展销会早已结束，而厂家又相距较远，索赔不便，因此，消费者可以向该次展销会的主办者——展览中心请求赔偿。展览中心在消费者提出索赔要求后，有义务先行赔偿。当然，展览中心先行赔偿并不意味着它是赔偿责任的最终承担者，在先行赔偿后，展销中心即取得了向本案的直接责任者——压力锅生产厂家的追偿权。

2. 柜台租赁者对消费者的责任有哪些？

在经济生活中，一些经营者由于受自身经营场地的限制，往往租赁他人的柜台从事经营活动。由于柜台出租者与柜台租赁者仅是一般的合同关系，而没有经营上的联系，故在租赁合同结束后，柜台租赁者即自行离去，这就使得在租赁柜台购买商品或接受服务的消费者在其合法权益受到损害后，难以找到商品的销售者或者服务的提供者。而出租者又往往借口自己并非商品的销售者或服务的提供者，未直接对消费者造成损害，而拒绝承担赔偿责任。这就造成在租赁柜台购买商品或接受服务的消费者在其合法权益受到损害后求偿上的困难。为解决这一矛盾，我国《消法》第38条规定就把消费者在租赁柜台购买商品或者接受服务权益受损的索赔分为两种情况：一是在柜台租赁关系存续期间，由于经营者尚在租赁柜台，故消费者向经营者要求赔偿。二是在柜台租赁期满后，消费者可直接向经营者要求赔偿；但如果找不到商品或者服务的经营者，或者虽能找到但困难较大，消费者则可以向柜台出租者要求赔偿。柜台出租者不论是否负有直接责任，均应先予赔偿。当然，柜台出租者在先予赔偿后，也取得了向有责任的销售者或服务者的追偿权。

【案例1】

2009年5月12日下午，消费者孙女士来金山区消保委投诉反映，今年3月5日，她在金山某超市内租的一个店铺购买了一只价格为158元的发夹，并有一次梳发型免费享受的机会。没过几天，当消费者到该店准备免费享受梳发型的时候，发现这家店铺早已人去楼空，无奈之下，消费者只得向柜台出租方的超市提出赔偿要求。交涉中，超市方认为；造成消费者损失的责任方是店铺，消费者应当与该店铺的上级单位（广州总部）反映联系。在争论无果的情况下，消费者拨打了“12315”维权热线电话。在区消保委有关同志的积极调解下，超市同意先行赔偿给消费者购买发夹款158元。“失而复得”的消费者孙女士，对区消保委依法维护消费者合法权益的认真做法深表感激之情。

案件处理过程：“人去楼空”的不良经营行为，造成众多消费者的投诉事件时有发生。我们必须要高度重视、认真对待。根据《消费者权益保护法》第三十八条规定：“消费者在展销会、租赁柜台购买商品或者接受服务，其合法权益受到损害的，可以向销售者或者服务者要求赔偿。展销会结束或者租赁柜台租赁期满后，也可以向展销会的举办者、柜台的出租者要求赔偿。展销会的举办者、柜台的出租者赔偿后，有权向销售者或者服务者追偿”。金山区消保委根据《消法》上的有关规定，热情而又耐心地与超市负责同志进行宣传，并妥善、合理地处理了这起消费纠纷，对增强消费者的自我保护意识和提高经营者的责任意识均起到了积极作用。

【案例2】专营店怎么成了“二道贩子”

消费者史女士在建材市场里买了某品牌木地板并由商家上门安装，总共费用将近2万元。可没过几天地板就出现了问题。史女士随即投诉至家装办。调查中了解到在建材市场中设摊的供应商不是某品牌地板的专卖，而是买断产品，并且送到消费者家中的地板混有多种批号，甚至有的还没有合格章标记……由于原来设摊的经营者已经撤柜，现在拒不接受调解，家装办只得约请建材市场售后服务人员和某品牌地板厂家前来协调解决。某品牌地板厂商将地板批号抄下后表示会带回公司进行调查。但经过几番协商也没能就解决办法达成协议，家装办建议消费者通过其他途径解决纠纷。

提示：本案中，建材市场设专柜的经营者又演了一出“明修栈道，暗渡陈仓”，让消费者误以为是某品牌地板的专卖店，结果使用的地板虽说是某品牌的但却批号众多、形形色色，甚至还有没有合格章标识来路不明的地板。由此，消费者应当对某些所谓的品牌建材专卖店也要提高警惕了。到底正宗不正宗还要联系厂家来问个究竟。不要把“二道贩子”也当作是正儿八经的指定许可专营店。另外，在对方上门安装时也要仔细核对查验商品，发现有异常的则可以马上指出，避免落入陷阱。

七、农民朋友需要了解广告经营者的法律责任

《中华人民共和国消费者权益保护法》第三十九条：消费者因经营者利用虚假广告提供商品或者服务，其合法权益受到损害的，可以向经营者要求赔偿。广告的经营者发布虚假广告的，消费者可以请求行政主管部门予以惩处。广告的经营者不得提供经营者的真实名称、地址的，应当承担赔偿责任。

改革开放以来，我国的广告业发展迅速，对此我们一方面要认识到广告对促进流通、引导消费等方面的积极作用，另一方面，我们也应看到一些经营者利用虚假广告向消费者提供错误的商品或者服务信息，使消费者上当受骗，导致消费者的合法权益受损。

从广告的操作规程看，经营者的广告活动大多应通过广告经营者进行。此处所称的广告经营者，是指从事广告

经营业务的单位，包括专营广告业务的企业如专业广告公司，和兼营广告业务的事业单位，如报社电台等。因为虚假广告的发布往往与商品服务的经营者和广告经营者均有密切联系，所以我国《消法》第39条作出了这样的规定："消费者因经营者利用虚假广告提供商品或者服务，其合法权益受到损害的，可以向经营者要求赔偿。广告的经营者发布虚假广告的，消费者可以请求行政主管部门予以惩处。广告的经营者不能提供经营者的真实名称、地址的，应当承担赔偿责任。"这一规定包括以下三方面的内容：

一是消费者因经营者利用虚假广告提供商品或者服务，其合法权益受到损害的，可以向经营者要求赔偿。虚假广告必然给消费者以误导，违背消费者的真实意愿，如果消费者因此而致合法权益受损，则可以向利用虚假广告提供商品或者服务的经营者要求赔偿。

二是广告经营者发布虚假广告的，消费者可以请求行政主管部门予以惩处。广告经营者发布虚假广告，不仅是对消费者合法权益的漠视，而且是对国家法律的公然挑战；不仅会对消费者的合法权益造成损害，而且也会对社会经济秩序造成危害。因此，对虚假广告的发布者，不仅行政主管部门可依职权查处，而且消费者也有权要求行政主管部门予以处罚，而不论其是否受到实际损害。

三是虚假广告的发布者不能提供经营者的真实名称、地址的，应对受损害的消费者承担赔偿责任。实践中，利用虚假广告提供商品或者服务的经营者为逃避法律的追究，往往以虚假的名称、地址示人，使受损害的消费者无法查找。在此情况下，为切实保护消费者的合法权益，法律要求虚假广告的发布者对受损害的消费者承担赔偿责任。法律作此规定的理由在于，广告经营者发布虚假广告本身就是一种违法行为，且与消费者合法权益的受损密切相关，在消费者无法查找经营者的情况下，要求虚假广告的发布者承担赔偿责任是必要的。

【案例】广告经营者不能提供经营者真实名称、地址时，应对受损害的消费者承担赔偿责任

1994年5月，某市晚报社在其报纸的广告版面上刊发了一则“人体电子增高”治疗器的广告，该广告称：“该产品对矮个青少年增高有明显效果，经临床试验证明，半年内可增高3至7厘米，无任何副作用。产品已通过中国科学院、有关单位医师、高级工程师及专家鉴定，符合科学及医学原理，适合16岁至25岁男女青年使用，是青春期矮小青少年的最佳健美增高器。该产品为某市医疗器械厂生产，欲购者可直接与该厂联系，价格为每个420元，款到寄货。”

该市一些矮个青少年从晚报上看到该广告后，便按广告上提供的地址寄款邮购。但款寄去后，杳无音讯，既不见“人体电子增高”治疗器寄来，又不见退款。某单位职工沈某即是寄款邮购者之一，沈某寄款后不久，因出差路过厂家所在地，便循着地址寻找该厂，但按地址根本就找不到这家工厂，问周围的单位也都不知有这家工厂，沈某即知受骗。回来后，沈某便去晚报社询问发布该广告的有关情况，并告知按广告地址根本就找不到该厂。市晚报社负责人感到问题严重，打电话与当地工商行政管理部门联系，被告知当地无此工厂。市晚报社至此才知道自己发布的“人体电子增高”治疗器广告乃是一则骗人的虚假广告，而原来联系发布该广告的人已去向不明，所留下的有关证明文件也均系伪造。

为挽回经济损失，沈某与其他受害者以市晚报社为被告向人民法院提起民事诉讼。人民法院审理后认为：市晚报社刊发增高器广告疏于审查，致部分消费者上当受骗，造成经济损失，鉴于诈骗者已不知去向，市晚报社应对遭受经济损失的消费者承担赔偿责任。经法院主持调解，市晚报社赔偿了受骗消费者的全部经济损失。

这是一例由于广告经营者审查不严而导致的虚假广告案。根据《消费者权益保护法》的规定，要求发布广告的经营者应对受损害的消费者承担赔偿责任，但由于该经营者系从事诈骗活动且已去向不明，发布该广告的市晚报社也不能提供此人的真实姓名和地址，在此情形下，市晚报社就应对自己的疏于审查的失职行为承担法律责任，向受损害的消费者赔偿损失。

八、实际生活中，谁应该为虚假广告承担责任

如今只要您信手翻开报纸杂志或随手打开电视，不经意间大量的医疗和药品广告就会一股脑的“呼”向您的眼球。什么“不吃药即可彻底根治糖尿病”、“基因疗法根治乙肝”、“服用×××胶囊30天长高10厘米”、“清脑心血康1个疗程可使血压正常，2~3个疗程痊愈而且不再复发”……似乎我们中国的医药事业在改革开放的短短20多年的时间内已经无病不医、无所不能了，就连国外的一些医学专家看过中国的一些广告后都连连称奇，甚至问道“能够根治糖尿病和乙肝的中国专家为什么不申报诺贝尔医学奖呢”？这不是笑话，这是实实在在摆在中国医药卫生界、传播界和中国13亿百姓面前的严肃而又荒诞的现实问题，实在令国人担心和痛心！夸大疗效是当前药品广告中最大问题。国家规定，药品广告中不得含有不科学地表述功效的断言或保证，即不能宣传产品疗效，如“疗效最佳”、“药到病除”、“根治”、“安全无副作用”等。因为每个患者的病情不一样，身体状况不同，服药后的反应和治疗效果也不同。但绝大部分违法药品广告千方百计地渲染、夸大产品疗效，如根治顽症、一瓶（盒）见效、填补治疗某种病特效药的空白、药效特强等。

近年来，医药保健品盯上了“肿瘤患者”，它们把肿瘤患者的痛苦当成了一道大餐，将这个弱势群体的家财尽数掠劫、瓜分，用患者的生命垒成了他们的黄金大道。其中，有些产品仅有增强体质、辅助抑制肿瘤作用，但它们却极尽“欺骗”之能事，统统将自己装扮成了“抗肿瘤良药”，甚至成了“抗癌之王”。“对人体肺癌细胞株的抑杀率为100%，对胃癌细胞株的抑杀率为98.4%，对肝癌细胞株的抑杀率为93.6%……”，“临床总有效率达97%”，这是中华灵芝宝（又名“双灵固本散”）在一些媒体和宣传材料中对其疗效所作的描述。众所周知，迄今为止癌症仍然是目前世界上人类难以攻克的顽症之一，仅我国每年因癌症死亡的患者就接近200万人。如果中华灵芝宝真的像其所说的那么神奇，的确是一件造福全人类的事。事实上，长期以来一直把自己说成灵丹妙药的中华灵芝宝最初的身份是“陕卫药健字【1996】第0101号”，属保健药品范畴，按国家审批的功能范围，其功能只是“滋补强身、扶正固本、安神止痛”，用于消化道癌肿术后化疗引起的消瘦、失眠、疼痛、厌食、白细胞减少、软弱疲乏等症的康复保健作用。根本不是用于治疗肿瘤的准字号药品。“灵芝类保健食品不具有任何治疗作用，同药品有质的区别。”2004年11月9日，国家工商总局发布消费警示，郑重提醒消费者提高辨别此类虚假违法广告的能力。

对患者进行恐吓已成为药品广告最普遍的现象之一。一串串充满威胁性字眼的广告扑面而来，“心脑血管疾病——正成为人类健康的第一杀手，我国每年300万人死于心脑血管疾病，约占疾病死亡人数的50%”，让人看得直冒冷汗，还有更直截了当的，“警惕！咽喉炎的危害不可忽视”、“胃肠疾病不容忽视”……这些恐吓式药品广告，令患者迫于压力而购买其药品，这种势头有愈演愈烈之势。目前，人类有一些病症尚无特效治疗药物，有待医药科学界的进一步研究探索，如癌症、类风湿性关节炎、红斑狼疮、肝硬化、肾炎等。有些违法药品广告针对患者求医心切的心理，打出疑难杂症特效药的“幌子”，诱人高价购买其产品，因此治疗顽疾的药品广告违法的较多。

虚假医药广告可以说是花样翻新，层出不穷。设置陷阱的情形五花八门，防不胜防。以下是炮制虚假广告的一些秘诀：篡改审查批准内容。为了达到夸大宣传的目的，使用合法的文号，但采取偷梁换柱的做法，擅自更改广告的内容。本来广告在行政部门被审批得“素面朝天”，可是一出现在媒体上就成了“浓妆艳抹”。如“金时雨龙凤宝胶囊”在媒体广告中称：“金时雨龙凤宝胶囊”滋养卵巢、延缓衰老、推迟绝经期10年。功能与主治：滋养卵巢、推迟绝经期、提高妇女性功能、消除更年期等症。成了包治百病的灵丹妙药。可《中成药部颁标准》第十八册“龙凤宝胶囊”的功能与主治是：补肾壮阳，健脾益气，宁神益智。用于更年期综合征及神经衰弱。“金时雨龙凤宝胶囊”功能主治是否偷梁换柱就一目了然了。乱扯“高科技”大旗行骗。“高科技”是虚假广告的惯用外衣，从“重大科研课题”、“最先进技术”、“国家级新药”、“神奇药效”等，到“破译人体密码”、“×病的神奇克星”，再加上“隆重面市”、“闪亮登场”，不由得消费者不怦然心动。为让人信以为真，广告中不讲药物的药理或功用，而是以一些“玄而又玄”的医学名词来诱导消费者。如“创立了微循环和毛细血管给药的新方式”、“使细胞产生每分钟2000次的共振”、“杀灭血毒因子”、“纳米技术”、“超级临界萃取”、“激光振荡”等大肆进行虚假宣传，患者当然在不知道根底的情况下相信了“高科技必有高疗效”的说辞。

欺世盗名，拿所谓专家、患者作秀。大量借用医生、患者的名义，甚至是利用“明星患者”，以其亲身体会吹嘘广告药品的疗效。据了解，这些被当做证人的医生、患者大多是随意编撰出来的，而当事人大部分根本就没有服用过此类广告产品。看似新闻，实则是没有广告标记的药品广告。违法广告的发布者将广告做成新闻的样子，故意让患者误解成为新闻，增加产品的可信度。这类广告大多以药品发明人为主角，玄虚地表述发明人的经历和药品发明过程；同时大篇幅地介绍药品成分、疗效和治愈病例。新闻式广告一个最明显的特点是，在文后附有联系电话或地址。患者至死都不明白，他们为什么在吃了这些药到病除的药品，还是不能起死回生？虚假药品广告的炮制者根本没想到病人痛苦的呻吟声和无助的眼神。

虚假广告，看似馅饼，实为陷阱，严重威胁着人民群众的用药安全和生命健康。据报道，由于虚假医药广告误导等方面的原因，我国每年大约有 250 万人吃错药。谁该为这 95% 的违法广告负责，谁又该为患者利益受损及病情恶化等恶性事件负责？是医药企业吗？医药企业造假药和糊弄人的本事可能不小，但绝不至于如此神通广大，在广告审批及媒体发布等圈子中也能呼风唤雨。

事实上，在 62% 和 95% 违法医药广告的背后，是一个“价值链”在持续作祟。这个链条上有三个主体，分别是医药企业、媒体及医药广告审批和药品监管机构。医药企业靠的是资金，在对不实药品包装上大下功夫，同时利用比较隐晦的手段在广告审批上打通了“关节”。在发布广告时，置患者的利益和国家的有关规定于不顾，公然挑战规则和道德底线。媒体本应对公众在信息方面起到良好引导作用，却由于禁不住巨额利润的诱惑，协同医药企业随意发布一些不实或违法广告。在刊播药品广告时根本不对药品广告批准文号等有关证件进行审查，或是“睁一只眼闭一只眼”，使得大量违法广告得以蒙混过关，最终出现在大众媒体上，为违法药品广告提供了生存空间。

国家工商总局去年的一份监测结果显示，都市生活类报纸药品医疗广告的违法现象非常严重，有的报纸的违法抽查率高达 100%，药品医疗广告目前已成为不少媒体单位广告收入的主要来源。在有些媒体单位，药品医疗广告额已占到总广告额的 50% 左右。医药广告审批和药品监管部门的“缺位”，医药广告 95% 高违法率的形成绝非一时半会儿的事，违法广告长期的存在甚至排山倒海式大张旗鼓的宣传，监管部门不可能不知道，但就是由于一些不得而知的原因，这些部门在最应该出现的时候却缺席了。

治理虚假医疗广告首先要进行行政体制改革。借鉴西方发达国家的做法，将药品广告的审批权和监督处罚权集中于一个部门，未尝不是一个解决问题的办法。可以将广告的设计、制作、代理和发布各环节的管理权交给工商行政管理机关一家，由他们严格依照药品管理法和广告法对医疗广告进行全程跟踪和系统管理。其次，行政机关不仅要对广告主、广告经营者和广告发布者实施有效的管理，还要对广告公司具体的广告行为作出规范，对参与制作虚假广告的行为进行处罚，加大惩处虚假医疗广告制作者和发布者的力度。除了政府加强监管外，医疗行业、广告公司和新闻媒体一定要建立起严格的行业管理制度，尤其是医疗行业，必须铲除游医、假药、小诊所生存的土壤，这样才能杜绝虚假医疗广告。

九、明星、名人代言虚假广告可以追究刑事责任

国家工商总局副局长刘凡在业内论坛上透露，《广告法（修订送审稿）》已报送国务院法制办，该稿将参与广告代言、证明、推荐的“广告其他参与者”也列为广告主体。如获通过，这将意味着，明星、名人代言虚假广告除

承担相应的行政责任、民事责任外，构成犯罪的，还将追究其刑事责任。

据了解，现行《广告法》共6章49条，于1994年颁布，1995年2月1日起施行。《广告法》颁布十几年来，新的广告形式不断出现，现行法律部分内容落后于广告行业发展，致使某些领域缺乏相关法律规范，亟须进行修改完善。

刘凡表示，《广告法（修订送审稿）》对现行《广告法》进行了较大修改，由现行的6章49条调整为8章91条。

近年来，部分明星、名人代言的虚假广告损害消费者权益，被行业协会集中点评、曝光，由此引发的行业协会与明星、名人一系列纠纷备受公众关注。

南方周末此前报道，去年9月，由知名演员王宝强代言的河南绿业电脑学校石家庄分校涉嫌欺诈，人去楼空；去年11月，中国广告协会首次公开谴责十则违法保健食品和器械广告，它们都由著名演员侯耀华代言。

据南方周末了解，现行《广告法》未对广告代言人应承担的连带责任做出规范，而在欧美国家，有关名人、明星代言广告的法律规定远比中国严格。美国联邦贸易委员会就规定，代言人必须是产品的真实使用者，其广告中有关产品效果部分的声明必须要有事实依据。

我国自2009年6月1日起施行的《食品安全法》第五十五条规定，“社会团体或者其他组织、个人在虚假广告中向消费者推荐食品，使消费者的合法权益受到损害的，与食品生产经营者承担连带责任”。但在保健品、药品、医疗器械等产品方面的名人代言，还缺乏相关明确的法规。

据悉，在本次《广告法（修订送审稿）》的调整条款中，借鉴了《食品安全法》第五十五条的立法经验，将连带责任的主体扩展到个人。刘凡表示，该修订送审稿提出，在广告主、广告经营者、广告发布者“三大主体”的基础上，参与广告代言、证明、推荐的“广告其他参与者”，包括明星、名人等也将作为广告活动的主体，纳入规制范围，将连带责任的主体扩展到个人，以强化对明星、名人代言广告的约束。“广告其他参与者”除承担相应的行政责任、民事责任外，构成犯罪的，还应追究其刑事责任。如果此修订送审稿获得通过，广告代言人将作为第四主体被监管，并对其代言的广告承担连带责任。加大网络广告监管力度。

近年来，网络上虚假广告泛滥，但现行《广告法》在对网络广告监管方面存在盲区，作为监管机关的工商行政管理部门监管中也面临管辖权上的困难：一旦发生虚假广告欺诈事件，由于网络的跨地域性，广告主往往难以被查找并追究责任。

刘凡表示，《广告法（修订送审稿）》也对广告侵权行为作出细化规定，将加大对网络广告违法行为给消费者或者其他主体所造成损失的民事责任追究力度。

此外，新闻与媒体广告分离以及广告人员职业资格评定办法也被纳入《广告法（修订送审稿）》。

最近几年来，植入式广告越来越多地出现在电影、电视等节目中。虎年春节的央视春晚中出现的大量“广告植入”引发民众质疑，有网友戏称为“在广告中插播春晚”，央视方面的回应则称之为“市场化”。

在十一届全国人大三次会议上，全国人大代表、浙江富润集团董事局主席赵林中提出了关于规范植入式广告的建议，要求工商机关运用《广告法》对广告植入行为加以规范。赵林中的建议被列为第2196号建议。

8月17日，据国家工商总局网站消息，国家工商总局在对第2196号建议的答复中表示，该建议对于完善广告法律、规范广告植入行为很有参考价值。近年来，美国、日本等市场经济发达国家也开始重视对植入式广告的研究和治理，如提出“植入式广告不得影响节目内容”、“新闻与时事节目中禁止出现植入式广告”等。

国家工商总局还称，将把植入式广告作为专题认真研究，并结合正在进行的《广告法》修订工作，积极向立法机关反映，提出相关立法建议。

第六章　农民朋友需要知道的法律责任

任何社会，如果无责任，权利将不受义务的限制，自由将不受纪律的约束，整个社会就将混乱无序。因此，只要有社会的存在，就必然有责任的存在，包括道义责任、政治责任、法律责任、纪律责任等。这里所指的法律责任是指人们对违法行为所应承担的法律后果。根据违法行为性质的不同，法律责任也可以分为：

民事责任。民事责任主要表现为财产责任，并带有明显的补偿性质。也就是说，民事责任的范围和民事违法行为所造成的权利损害相对应，以使受害人的权利损失得到恢复或补偿。根据我国《民法通则》的规定，民事违法者承担民事责任的方式主要有：停止侵害；排除妨碍；消除危险；返还财产；恢复原状；修理、重作、更换；赔偿损失；支付违约金；消除影响、恢复名誉；赔礼道歉，等等。

行政责任。行政责任一般分为职务过错责任和行政过错责任，此处所称的行政责任主要是指行政管理相对人因违反行政管理法规而应承担的法律责任。承担方式主要有：警告；罚款；没收违法所得、没收非法财物；责令停产停业；暂扣或者吊销许可证、暂扣或者吊销执照；行政拘留等形式。

刑事责任。由于刑事违法的违法性质最为严重，故刑事责任也最为严厉。根据我国《刑法》的规定，刑事违法者承担刑事责任的方式有主刑和附加刑两种，主刑包括管制、拘役、有期徒刑、无期徒刑、死刑；附加刑包括罚金、剥夺政治权利、没收财产。

消费者权益保护法以其独特的价值尺度，规定消费者享有九项权利，经营者负有十项义务，使原本强弱悬殊的利益群体之间趋于平衡。当消费者的权益因经营者的原因无法行使或受到损害时，消费者权益保护法规定可采取相应的措施对违法者予以制裁。消费者权益保护法第七章对侵害消费者合法权益的行为区分不同情况，规定经营者应分别或者同时承担民事责任、行政责任和刑事责任。

一、经营者的民事责任

《中华人民共和国消费者权益保护法》第四十条：

经营者提供商品或者服务有下列情形之一的，除本法另有规定外，应当依照《中华人民共和国产品质量法》和其他有关法律、法规的规定，承担民事责任：

（一）商品存在缺陷的；

（二）不具备商品应当具备的使用性能而出售时未作说明的；

（三）不符合在商品或者其包装上注明采用的商品标

准的；

（四）不符合商品说明、实物样品等方式表明的质量状况的；

（五）生产国家明令淘汰的商品或者销售失效、变质的商品的；

（六）销售的商品数量不足的；

（七）服务的内容和费用违反约定的；

（八）对消费者提出的修理、重作、更换、退货、补足商品数量、退还货款和服务费用或者赔偿损失的要求，故意拖延或者无理拒绝的；

（九）法律、法规规定的其他损害消费者权益的情形。

二、经营者承担民事责任的具体内容

经营者致消费者损害的情况不同，其承担民事责任的方式也就有别。根据《消费者权益保护法》的相关规定，下面就经营者民事责任的具体承担方式作些说明：

1. 经营者致人一般伤害需要承担的民事责任

经营者致人伤害，是指经营者提供的商品或者服务由于存在缺陷而致使消费者或者其他人人身受到伤害。根据《消费者权益保护法》第41条规定经营者致人伤害有两种情况：一为一般伤害，一为致人残疾。关于致人残疾的民事责任呆会儿将作专门介绍，这里仅就一般伤害的民事责任进行论述。所谓一般伤害，是指受害人经过治疗可以恢复健康的情形。根据《消费者权益保护法》、《民法通则》等法律的规定，对于一般伤害，应从实际出发赔偿必要的医疗费、治疗期间的护理费、因误工减少的收入等费用。

这里所称的医疗费一般是指因直接治疗伤害而支出的必要医疗费用，包括诊查费、医药费、治疗费、住院费、手术费等。这些费用一般应以所在地治疗医院的诊断证明、医疗费、住院费的单据为凭。应经医务部门批准而未获批准擅自另找医院治疗的费用，一般不予赔偿；擅自购买与损害无关的药品或者治疗其他疾病的，其费用则不予赔偿。尚需继续治疗的费用，经有关医疗机构证明，也可以一次性给付。

治疗期间的护理费，是指受害人受伤后由于生活不能自理，需要专人护理的，支付给护理人员的费用。根据最高人民法院的司法解释，经医院批准专事护理的人，其误工补助费可以按收入实际损失计算，应得奖金一般可以计算在应赔偿的数额内。本人没有工资收入的，其补偿标准应以当地的一般临时工的工资标准为限。

受害人因误工减少的收入，是指受害人由于受伤不能正常工作而导致的收入损失。误工收入是个比较复杂的问题，在司法实践中也较难把握。根据最高人民法院的司法解释和实践中的具体做法，在确认受害人因误工减少的收入时，应重点考虑以下两个问题：（1）关于误工日期的计算问题。对于受害人的误工日期，应当按其实际损害程度，恢复状况并参照医院出具的证明或者法医鉴定等认定。（2）关于因误工减少的收入的数额问题。由于各人的工作性质、工作收入差别较大，故在确定因误工减少的收入的具体数额时，应根据实际情况合理确定，下述几种方式可供参考：受害人是有固定工资收入的，赔偿费用的标准可以按照受害人的工资标准或者实际收入的数额计算；受害人是承包经营户或者个体工商户的，可以参照受害人一定期限内的平均收入确定，如果受害人不如实提供收入情况又无法调查确定的，可以参照当地个体经营的同行业、同等劳力在一定时期内的平均收入酌定；受害人承包经营季节性很强的种植、养殖业，不及时经营会造成更大损害的，除受害人应当采取措施防止损失扩大外，还可以要求致害人立即采取措施防止损失的扩大。

2. 经营者致人残疾需要承担的民事责任

所谓致人残疾，是指受害人身体遭受严重伤害，某些器官的功能或某部分肢体虽经治疗也不能康复，从而导致劳动能力部分或全部丧失的情形。受害人受伤后经治疗完毕是否构成残疾，应根据法定医疗单位的证明或者法医鉴定来确认。

对于经营者致消费者残疾的民事责任，根据我国《消费者权益保护法》和《民法通则》的有关规定，经营者除应支付医疗费、治疗期间的护理费、因误工减少的收入等费用外，还应当支付残疾者生活自助具费、生活补助费、残疾赔偿金以及由其扶养的人所必需的生活费等费用。在具体操作上，对于经营者致消费者残疾的，可先按一般伤害处理，由经营者支付医疗费、治疗期间的护理费和因误工减少的收入等费用，在伤情确定后，再根据具体情况确定经营者的其他民事责任。

残疾者生活自助具费：受害人致残后，为了能够恢复部分身体功能，减轻家庭和社会的负担，根据实际情况安装或配置的补偿性功能器具。由于安装这些器具是因为经营者的侵权行为所致，所以经营者应当为此支付费用。

残疾者生活补助费：由于残疾者劳动能力部分或全部丧失，这就必然导致其收入减少，生活水平下降。为弥补残疾者的此项损失，法律要求致害人向受害残疾者支付生活补助费，关于残疾者生活补助费的标准，根据最高人民法院的司法解释，侵害他人身体致使其全部或部分丧失劳动能力的，赔偿的生活补助费，一般应补助到不低于当地居民基本生活费的标准。

由残疾者扶养的人所必需的生活费：由残疾者扶养的人，是经营者致害行为的间接受害人，他们可能因扶养人的残疾而致生活受到影响。根据《消费者权益保护法》和最高人民法院的有关司法解释，经营者致消费者伤害并造成丧失劳动能力的，依靠残疾消费者实际扶养而又没有其他生活来源的人要求侵害人支付必要生活费的，应当予以支持，其数额根据实际情况确定。

经营者对受伤致残者应否给予精神赔偿问题，我国法律此前尚未作明确规定，但从理论上讲，消费者致残后往往会带来精神上的极度痛苦，甚至痛不欲生。给消费者致残后这种精神痛苦以适当的金钱赔偿，在法理上是完全应该的，而且在国外也有这方面的立法。目前，《最高人民法院关于确定民事侵权精神损害赔偿责任若干问题的解释》第九条规定精神损害抚慰金包括残疾赔偿金，因此可以认为我国法律已经确认了残疾精神赔偿问题，即残疾赔偿金。

【链接】

《最高人民法院关于确定民事侵权精神损害赔偿责任若干问题的解释》第九条规定：

精神损害抚慰金包括以下方式：

（一）致人残疾的，为残疾赔偿金；

（二）致人死亡的，为死亡赔偿金；

（三）其他损害情形的精神抚慰金。

3. 经营者致人死亡需要承担的民事责任

所谓致人死亡，是指经营者的侵害行为直接导致了消费者或者其他人生命的终止。对于经营者致人死亡的民事责任，我国《消费者权益保护法》第42条规定："经营者提供商品或者服务，造成消费者或者其他受害人死亡的，应当支付丧葬费、死亡赔偿金以及由死者生前扶养的人所必需的生活费等费用；……"

在此，丧葬费是指死者家属处理死者丧事所支出的费用。丧葬费在不同的地区其花费也有差异，因此，全国没有统一的丧葬费标准。双方当事人或者有关部门在确定丧葬费的数额时，可根据当地的实际情况合理确定。

死亡赔偿金，是指致害人向死者家属支付的旨在补偿死者生命损失的费用。我国《民法通则》无死亡赔偿金的规定，最早规定死亡赔偿金的是《道路交通事故处理办法》，该办法规定死亡赔偿金以"当地居民生活费"为标准，补偿10年。对不满16周岁的，年龄每小1岁增加1年；对70岁以上的，年龄每增加1岁减少1年，但最低均不少于5年。《消法》对死亡赔偿金作了原则规定，但未就死亡赔偿金的数额与计算方式加以明确。根据最高人民法院《关于确定民事侵权精神损害赔偿责任若干问题的解释》，死亡赔偿金还具有对死者家属精神损害抚慰金的性质。按照该解释规定：自然人因侵权行为致死，死者的配偶、父母和子女向人民法院起诉请求赔偿精神损害的，列其配偶、父母和子女为原告；没有配偶、父母和子女的，可以由其他近亲属提起诉讼，列其他近亲属为原告。

关于死者生前扶养的人所必需的生活费，刚才已有介绍，在此不再重复。

4. 经营者侵害消费者人格尊严或者人身自由需要承担的民事责任

《中华人民共和国消费者权益保护法》第四十三条：经营者违反本法第二十五条规定，侵害消费者的人格尊严或者侵犯消费者人身自由的，应当停止侵害、恢复名誉、消除影响、赔礼道歉，并赔偿损失。

为切实保护消费者的人格尊严和人身自由权利，我国《消费者权益保护法》第四十三条规定明确了经营者侵害消费者人格尊严或者人身自由的民事责任形式，即停止侵害、恢复名誉、消除影响、赔礼道歉、赔偿损失。

（1）停止侵害，是指侵害尚未停止，仍处于继续的过程中时，侵害人应立即停止侵害行为，防止损害的扩大。

（2）恢复名誉和消除影响，都属非财产责任形式，且二者往往并用，主要适用于受害人名誉受损的情况。在消费领域，当消费者的人格尊严受到经营者的侵害造成不良影响时，消费者有权要求经营者为其恢复名誉、消除影响。经营者应当以公开的方式，在不良影响所及的范围内，澄清事实，恢复社会对消费者名誉的正确评价，消除因侵害行为所造成的不良影响。其具体方式可采用登报声明、张贴公开信、会议检讨等形式进行。

（3）赔礼道歉，是指侵害人在适当场合向受害人承认错误、表示歉意，请求谅解。

（4）赔偿损失，是一种广泛适用的民事责任形式，它既适用于财产损害，也适用于精神损害，这里所称的赔偿损失，是指精神损害赔偿。在消费领域，经营者对消费者人格尊严或者人身自由的侵害，往往给消费者造成心灵上的创伤和精神上的痛苦，对于这种精神损害，经营者除应承担停止侵害、恢复名誉、消除影响、赔礼道歉等非财产责任外，还应根据具体情况给予物质上的赔偿。对精神损害以物质赔偿，既有利于抚慰受侵害者，减轻或消除其精神痛苦，同时也有利于对经营者以惩戒，促使其对他人人身权利以应有的尊重。精神损害赔偿不同于财产损害赔偿，有一个明确的赔偿标准。由于消费者所受的精神创伤不能直接用金钱来衡量，这就存在一个如何确定赔偿标准和赔偿数额的问题。对此，我国法律未作明确规定，从实践中看，一般应根据经营者实施侵害行为的时间、地点、手段、后果、侵害对象以及经营者的过错程度、经济状况等情况综合考虑，确定一个比较合理的数额，这个数额应以能抚慰消费者的精神创伤和对经营者以有效惩戒为限度，过高或者过低都会有失公正，达不到立法目的。

5. 经营者致人财产损害需要承担的民事责任

经营者在经营过程中，如果造成了消费者的财产损害，应承担相应的民事责任。

《中华人民共和国消费者权益保护法》第四十四条：经营者提供商品或者服务，造成消费者财产损害的，应当按照消费者的要求，以修理、重作、更换、退货、补足商品数量、退还货款和服务费用或者赔偿损失等方式承担民事责任。消费者与经营者另有约定的，按照约定履行。

6. 经营者对“三包”商品需要承担的民事责任

所谓“三包”，即是指包修、包换、包退。这是实行产品质量担保的一种方式，该方式以修理、更换、退货为一体，不可分割。

《中华人民共和国消费者权益保护法》第四十五条：对国家规定或者经营者与消费者约定包修、包换、包退的商品，经营者应当负责修理、更换或者退货。在保修期内两次修理仍不能正常使用的，经营者应当负责更换或者退货。对包修、包换、包退的大件商品，消费者要求经营者修理、更换、退货的，经营者应当承担运输等合理费用。

【案例1】台湾因日拒绝对高速铁路“三包”与日厂商发生争执

12月底，台湾高速铁路的试车时间已近，但台湾和日本方面正在为使用新干线技术的台湾高铁“三包”问题争的不可开交。

台湾高铁是日本新干线系统首次外销，日本曾对台湾高铁的“技术示范”作用寄予厚望。但双方合作至今，台湾高铁不仅没有实现日本最初“拉近台日关系”的初衷，台湾高铁公司和日本厂商甚至开始“翻脸”。

原因是台湾新干线系统以日本技术为原形，但还融合了约三成的欧洲技术。日本企业联合得到了台湾高铁列车车厢、电气、信号系统等核心系统订单，但是同时台湾高铁还采用了欧洲式的信号系统和“单线双方向行驶”控制装置，切换线路的转换器和站内轨道也是由德国制造。日本国有铁路技术工程师岛隆曾很不满的表示，“规格不同的日德线路相连，如果不进行试车，很难保证安全性”。日本东海道株式会社顾问田中宏昌也表示，日本已经发现台湾高铁因混合技术产生的十多项技术问题。

5 年前，台湾因为由欧洲技术转用新干线技术，支付给欧洲大笔合同赔偿。但现在看来，问题并不能简单了结。部分采用欧洲技术给了日本规避责任的借口，日本方面甚至已经有“出现问题概不负责”的强硬表态。

日本方面为了推脱可能发生的责任，搜集了大量工程瑕疵、桥墩龟裂、土堤流失等问题的照片，一旦试车出现问题，将会以此“免责”。

台湾高铁则坚持认为“合同是同日本签的，如果发生问题，日本方面要付全责。日本最初签订合同时，根本没有提到未来责任的问题，台湾高铁认为日本现在规避责任并不合理。

同时，欧洲方面也声称对高铁运行中的问题不负责任。目前几方还在争论之中。

中国京沪高铁招标还未尘埃落定，采用混合技术的可能依然存在。英国《金融时报》援引发改委一位官员的表态指出，中国正在研究一种可能性——将铁路的铺设工程交给A国，车厢和技术采用B国的，管理则是C国的。而日本方面也认可这种“利益均沾”的方案。

目前来看，参与招标的德法日三国技术各有千秋，在制动系统、动力系统、车厢技术、自动控制系统四个技术核心方面几乎不相上下。但法国的控制技术比较先进，德国的传动部分比较先进，日本的运营经验和管理则比较成熟。

台湾高铁的事实显然是对中国的警示，如果引进多国混合技术，需要考虑技术缝合问题慎重引进，至少要事先明确双方责任，以免为对方留下事后“免责”口实。

【案例2】赠品同样适用消法“三包”

怀柔区的岳女士在北京某商场国庆促销期间，以“买一送一”形式得到商场赠送的迷你音响一套。当这套音响发生故障后，商场却以赠品为由拒绝退货。司法局工作人员对这起消费纠纷分析认为，此类物品同样适用消法的“三包”规定，商场应满足顾客的退换要求。

据岳女士介绍，她当时是购买了一台电视机获赠了一套音响，但国庆过后两天，音响就不响了，她只得赶到北京某商场要求进行修理，但接连修了三次仍不能使用。岳女士便要求该商场更换一台品质好的同价音响或者退货，商场以赠品不负责“三包”为由拒绝岳女士的要求。

就岳女士介绍的情况，怀柔区司法局工作人员认为，虽然合同法规定，赠与的财产有瑕疵的，赠与人不承担责任。但本案中，商场与岳女士之间并非无偿赠与，而是岳女士购买电视机后附义务的赠与合同关系。附义务的赠与，赠与的财产有瑕疵的，赠与人应在附义务的限度内承担与出卖人相同的责任。因此，商场应在该种迷你音响价值限度内承担民事责任。

鉴于该音响已连修三次，根据消费者权益保护法的规定，商场应满足岳女士更换品质好的同价音响或者退货的要求。

7. 经营者不履行邮购约定需要承担的民事责任

随着经济的发展，流通渠道的增多，消费者购物也往往不局限于面对面的柜台交易，邮购即是人们购物的一种新的形式。与普通的柜台购物方式相比，邮购具有以下特征：一是购销双方不直接见面，卖方以专门的商品目录或者其他广告形式发出要约邀请或要约，买方通过电话、电报、电传、信件等方式表示承诺，买卖关系即告建立；二是交易过程较长，一般是卖方在收到买方的货款后才将所购商品付邮寄走；三是由于购买者在事前不能察看商品，只能从卖方提供的信息中了解商品的情况，故买方易为卖方所欺骗，进而引发消费纠纷；四是由于买卖双方不在同一地点，有一定的空间距离，故发生纠纷后解决起来较为不利，尤其是对买方而言；五是由于交易必须通过邮递媒介进行，故邮局的行为可能影响到当事人之间权利的实现和义务的履行。对邮购的上述特征，消费者应有足够的认识，慎重采用。

近年来，我国的邮购发展较快，它对活跃经济、搞活流通，满足消费者的某些消费需求有着重要的作用。但我们同时也应看到，经营者利用邮购损害消费者合法权益的情况也比较严重，如有的经营者在广告宣传中将商品说得十全十美，刺激消费者的购买欲望，但实际上商品并没有那么完美；有的经营者张冠李戴；有的经营者寄发的商品数量不足，质量不佳；还有的经营者甚至以邮购为名，行欺骗之实，骗取消费者的货款。因此，从保护消费者合法权益的角度出发，有必要对邮购进行必要的法律规制。

我国《消费者权益保护法》第四十六条规定："经营者以邮购方式提供商品的，应当按照约定提供。未按照约定提供的，应当按照消费者的要求履行约定或者退回货款；并应当承担消费者必须支付的合理费用。"

【案例】以虚假广告推行邮购服务，经营者应承担民事责任

1993年8月10日，某晚报刊登了某公司的一则广告，广告称：该公司生产的B氏电子治疗器，系专利技术产品，对治疗肝炎和腰腿痛有特效，并曾被选送"布鲁塞尔尤里卡"世界博览会参展。该治疗器是现代电子技术装备起来的新型医疗器械，用音频电流作治疗源，疏通经络、扶正祛邪，调节免疫功能，且疗效高、无副作用，最适应乙型肝炎与腰腿痛，经全国26个省市医院600多例临床证明，治愈率达95%。对多种疾病均有明显疗效，被患者称为"神匣子"，是家庭必备的治病工具。需要者可通过各地邮局和银行汇款，治疗器每台430元（包括邮费、包装费），款到即发货，为使用户放心，该治疗器实行"三包"服务。

消费者巩某多年为腰痛所困扰，见广告后即按广告标明的地址汇款购买，1个月后，治疗器寄到，巩某遂按说明书使用，但几个月后，腰痛依旧，疗效全无。巩某怀疑该治疗器言过其实，便将该治疗器送有关部门检验，结果证实该治疗器在使用时能使人产生一定的舒服感，但对治病却无甚功效。为维护自己的合法权益，巩某就该事向某公司所在地的工商行政管理部门作了举报。工商行政管理部门接到举报后，十分重视，派专人进行调查，结果发现所谓专利产品，选送参加"布鲁塞尔尤里卡"世界博览会，治愈率达95%等纯属公司杜撰，无任何材料可以证实，其所作广告实为欺骗消费者的虚假广告。为严肃法纪，工商行政管理部门对该公司作出了罚款5000元的行政处罚。同时，该公司同意接受巩某的退货要求，返还其购货款430元，并赔偿其经济损失100元。

本例中，某公司宣传其B氏电子治疗器的广告违法之处甚多，与事实大相径庭，足以对消费者构成欺诈。对这种以欺诈方式推行邮购服务的，受损害的消费者有权要求退货并要求赔偿其他经济损失。

8. 经营者违反预收款方式提供商品或者服务需要承担的民事责任

以预收款方式提供商品或者服务的交易方式早就存在，其基本含义是指经营者先向消费者收取商品价款或者服务费用的全部或者一部，然后在约定的期限内向消费者提供商品或者服务。

经营者以预收款方式提供商品或者服务，由于其收款与实际提供商品或者服务之间有一段时间距离，故消费者的利益容易因经营者违约而受到损害。对此，我国《消费者权益保护法》第四十七条明确规定："经营者以预收款方式提供商品或者服务的，应当按照约定提供。未按照约定提供的，应当按照消费者的要求履行约定或者退回预付款；并应当承担预付款的利息、消费者必须支付的合理费用。"

在研究经营者以预收款方式提供商品或者服务时，应注意把消费者支付的预付款与定金区别开来。二者从形式上看有相似之处，但其性质和后果是大不相同的。从性质上看，定金是合同的一种担保形式，其设立目的在于促使双方当事人切实履行合同。而预付款则不具备担保性质，其目的在于为对方按时履行合同提供方便、创造条件。从后果上看，定金适用定金法则，给付定金的一方不履行合同的，无权要求返还定金；接受定金一方不履行合同的，应当双倍返还定金。而接受预付款一方不履行约定的，只是退还预付款并利息，并不存在双倍返还的问题。

【案例】预售房不能按期交付，经营者应承担民事责任

某市一房地产公司在当地报纸上刊出一则预售房广告，广告称：该公司在本市某地段兴建一居民小区，小区现已动工兴建，到 1995 年 7 月 1 日以前即可交付使用，公司目前已开始预售，有意购买者，请与公司销售部联系，并缴纳预付款 8 万元。房数有限，售完为止。

该市蒋某见此广告后怦然心动，遂通过各种途径凑齐了 8 万元交给该房地产公司，预购了一套两室两厅的住房。交过预付款，蒋某就等着住新房了。1995 年 2 月，蒋某特地去居民小区工地看了一下，发现该居民小区的拟建房屋仅挖了地基，施工队就已撤走。蒋某急忙赶到房地产公司去询问情况，被告之该公司因资金不到位，交房日期可能要延至年底。蒋某当即提出异议，要求该公司要么按时交付住房，要么退款，但均被拒绝。1995 年 5 月，该市又有一家房产公司打出售房广告，售房方式为现房出售，付足房款后即可入住，蒋某依该广告实地考察后觉得不错，便打算购买这家公司的住房。为此，蒋某数次去房地产公司要求退款，均未如愿。为索还预付款，蒋某于 1995 年 6 月 25 日向当地区人民法院起诉，要求房地产公司退回预付款并支付预付款的利息。受案人民法院审理后认为，房地产公司以预收款方式提供住房已不可能按约履行，蒋某要求退款付息有理。遂判决：房地产公司同意退还蒋某预付款 8 万元，并按同期银行存款利率向蒋某支付利息，本案诉讼费用由房地产公司承担。

本例中，房地产公司收取消费者的预付款预售住房，就应在约定的时间保质保量地向消费者提交住房，但房地产公司在约定的时间到来后却无法提供约定的住房。在此情形下，房地产公司即已构成违约，消费者有权要求其退回预付款、支付预付款利息并赔偿其他经济损失并有权就因此造成的经济损失要求房地产公司赔偿。

9. 经营者提供不合格商品需要承担的民事责任

此处所称的不合格商品，是指不符合国家标准、行业标准等强制性标准的商品，如商品存在危及人身、财产安全的不合理的危险；不具备商品应当具有的使用性能；不符合在商品或其包装上注明采用的产品标准；不符合以产品说明、实物样品等方式表明的质量状况等情形。

根据具体的情况，不合格产品又可分为处理品和劣质品两类，处理品是指质量不符合规定要求，但不存在危及人身、财产安全的危险，且具有一定使用价值的商品。由于处理品不存在不合理的危险，故可以销售，不过应注明“处理品”、“等外品”等字样，价格亦应低于合格产品。劣质品是指不符合安全、卫生标准的要求，存在危及人身、财产安全的不合理危险或者不具备应当具有的使用性能的产品。由于劣质品可能危及消费者人身、财产安全，故劣质品严禁销售，更不得冒充合格品销售。

为加强产品质量管理，防止不合格产品流入市场，我国对部分商品实行质量认证制度。如果经营者提供的商品经产品质量检验机构依法认定为不合格，则应对购买该商品的消费者承担相应的民事责任。对此，我国《费者权益保护法》第四十八条规定：“依法经有关行政部门认定为不合格的商品，消费者要求退货的，经营者应当负责退货。”根据这一规定，经营者提供不合格商品的，应当承担退货的民事责任。

这里还需指出的是，此处的退货不限于实行“三包”的产品，只要产品经有关行政部门认定为不合格，消费者均有权直接要求退货，经营者不得以非“三包”产品相抗辩而拒绝履行退货责任。

10. 经营者欺诈行为需要承担的民事责任

所谓欺诈行为，是指经营者在提供商品或者服务的过程中，采取虚假或者其他不正当手段欺骗、误导消费者，使消费者的合法权益受到损害的行为。实践中，经营者通过实施欺诈行为诱使消费者上当受骗的情况屡见不鲜，许多消费者也因此遭受严重的经济损失。

一般而言，经营者的行为构成欺诈应具备下述要件：一是经营者主观上是出于故意，亦即经营者是有意实施欺骗，诱使消费者与之交易，过失不构成欺诈；二是经营者实施了欺骗的行为，所谓欺骗，是指虚构事实、隐瞒真相，使对方产生错误认识的情形；三是经营者的欺骗行为客观上使消费者上当受骗，违背真实意愿地与之进行了交易，如果经营者的欺骗行为被消费者识破，则欺诈不能构成。根据 1996 年 3 月 15 日国家工商局发布的《欺诈消费者行为处罚办法》之规定，经营者在向消费者提供商品中，有下列情形之一的，属于欺诈消费者行为：(1) 销售掺杂、掺假，以假充真，以次充好的商品的；(2) 采取虚假或者其他不正当手段使销售的商品分量不足的；(3) 销售“处理品”、“残次品”、“等外品”等商品而谎称是正品的；(4) 以虚假的“清仓价”、“甩卖价”、“最低价”、“优惠价”或者其他欺骗性价格表示销售商品的；(5) 以虚假的商品说明、商品标准、实物样品等方式销售商品的；(6) 不以自己的真实名称和标记销售商品的；(7) 采取雇佣他人等方式进行欺骗性的销售诱导的；(8) 作虚假的现场演示和说明的；(9) 利用广播、电视、电影、报刊等大众传播媒介对商品作虚假宣传的；(10) 骗取消费者预付款的；(11) 利用邮购销售骗取价款而不提供或者不按照约定条件提供商品的；(12) 以虚假的“有奖销售”、

“还本销售”等方式销售商品的；（13）以其他虚假或者不正当手段欺诈消费者的行为。

经营者在向消费者提供商品时，有下列情形之一，且不能证明自己确非欺骗、误导消费者而实施此种行为的，应当承担欺诈消费者行为的法律责任：（1）销售失效、变质商品的；（2）销售侵犯他人注册商标权的商品的；（3）销售伪造产地、伪造或者冒用他人的企业名称或者姓名的商品的；（4）销售伪造或者冒用他人商品特有的名称、包装、装潢的商品的；（5）销售伪造或者冒用认证标志、名优标志等质量标志的商品的。

关于经营者欺诈行为的民事责任，我国《消费者权益保护法》第四十九条规定：“经营者提供商品或者服务有欺诈行为的，应当按照消费者的要求增加赔偿其受到的损失，增加赔偿的金额为消费者购买商品的价款或者接受服务的费用的1倍。”这一规定就确立了对实施欺诈行为的经营者以加倍赔偿的惩罚性民事责任。

加倍赔偿的惩罚性民事责任，是我国《消费者权益保护法》所确立的一种民事责任形式。一般来讲，民事责任的目的主要是给受害人所受的损失以补偿，并贯彻实际赔偿原则，即受害人的实际损失有多少，侵害人就给予多少赔偿。而加倍赔偿的惩罚性民事责任，实际上是加重了经营者的民事责任，它不仅要求经营者承担补偿消费者的所受损失的民事责任，而且还要求其增加一笔赔偿费用，这笔增加的赔偿费用与消费者购买商品的价款或者接受服务的费用相等。可见，加倍赔偿的惩罚性民事责任对实施欺诈行为的经营者具有明显的惩罚性，对受害的消费者则具有充分的补偿性以及对其与欺诈行为作斗争的鼓励性。

加倍赔偿的惩罚性民事责任之确立，对于打击消费领域的欺诈行为，有效维护消费者合法权益，鼓励受欺诈的消费者与实施侵害行为的经营者作斗争等方面具有重要的意义。

首先，它为严厉打击消费领域的欺诈行为提供了法律武器。在我国，经营者通过实施欺诈行为损害消费者合法权益的情况十分严重，屡禁不止。究其原因，它与法律对经营者的欺诈行为打击不力、惩治不严密切相关。事实上，我国的原有法律对不法经营者构不成足够的威慑。而确立对实施欺诈行为的经营者以加倍赔偿的惩罚性民事责任，就使经营者实施欺诈行为必须冒巨大的经济风险，从而抑制其违法心理。纵使有一些经营者冒险实施欺诈行为，一经揭露，他们就将受到法律的严厉制裁，付出沉重的代价。

其次，它有利于切实维护消费者的合法权益。在消费领域，消费者与经营者的法律地位是平等的，但实际上，消费者却总是处于相对较弱的处境，其合法权益易为经营者所侵害，而确立对实施欺诈行为的经营者以加倍赔偿的惩罚性民事责任，既有助于抑制经营者的违法心理，起到预防违法的作用，又有助于使消费者在受到经营者欺诈后，能获得额外赔偿，从而使消费者的合法权益获得更有效的保护。

再次，它有助于鼓励消费者运用法律武器与违法经营者进行斗争。在现实生活中，有不少消费者在受到经营者欺诈后，或认为损失不大懒得计较，或认为自己力量太小难以与经营者相抗衡而放弃索赔，或认为索赔费时费力而所获不多因而不作努力，忍气吞声。

总之，是抱着消极的态度对待经营者的违法行为。而确立对实施欺诈行为的经营者以加倍赔偿的惩罚性民事责任，只要受欺诈的消费者奋起抗争，就有可能在经济上带来较大的收益。这一利益机制的建立，就在很大程度上鼓励消费者积极与实施欺诈行为的经营者展开斗争，自觉维护自己的合法权益，前几年的“王海现象”就是一个突出的例证。

【案例 1】DVD 插广告致强制收看

因为自己购买的影片 DVD 在影片播映前插播广告，且广告无法跳过，消费者侯先生一纸诉状将 DVD 的销售方和出版方告上了法庭。7 月 14 日上午，北京朝阳法院开庭审理了此案。

原告侯先生起诉称：去年 12 月 14 日，在第一被告经营的 × × × 网上购买了第二被告出版的 DVD 影片《× × ×》，价格 24. 8 元。在观看 DVD 时，我发现该片的菜单部分插播了长达 1 分 36 秒的药品广告，且广告无法跳过，而在 DVD 外包装以及 × × × 网对该商品的介绍中均未提及该 DVD 中含有广告。我认为，二被告隐瞒了该产品包含广告的情况，侵犯了消费者的知情权，属于欺诈行为，因此要求二被告退货并双倍赔偿价款共计 49. 6 元。

庭审中，被告销售方认为：在买卖合同关系中，该公司全面履行了合同义务，不存在任何违约行为，且该公司已经如实的披露了其所知悉的与该碟片有关的全部信息。

该公司辨称，其并不知悉DVD中插播有广告这一事实，因此对于消费者，该公司不存在任何隐瞒，亦不构成欺诈。

被告出版方的代理人则认为：在片长174分钟的影片前插播1分36秒的广告并未影响DVD的主要内容，并且作为出版方他们也没有法定的义务和必要对插播广告的情况向消费者进行告知。同时，该代理人还表示插播广告的行为不但没有给消费者带来损失，相反却使消费者受益，这是因为插播广告客观上降低了正版音像制品的价格，使消费者从中受益，同时其还认为1分36秒的广告对消费者收看影片的影响微乎其微，消费者完全可以用这1分36秒的时间去喝水。

当庭，原告播放了影片前的广告，记者注意到在该影片前插播了包括中华跌打丸、三金片、西瓜霜润喉片等内容的四段广告，在播放该广告时不能进行包括暂停、停止、快进等操作。

在辩论阶段，法庭上弥漫着“火药味”。原告方坚持认为，菜单和影片构成了DVD碟片的主要内容，而广告几乎占据了菜单的绝大部分，因此广告应作为该DVD碟片的“主要成分”在外包装或销售方的网站上予以明示，同时对于出版方所谓插播广告降低产品价格的说法，原告方也“不领情”，认为正版行业的发展不应以侵犯消费者的合法权利为代价，“强制”消费者收看广告的行为严重影响了消费者的审美感受。

二被告则坚持认为，法律上没有禁止在影片前插播广告的行为，同时他们也没有法定或约定的义务去告知消费者影片前插播有广告。此案，将于近日公开宣判。

【案例2】"一房两卖"欺诈被判双倍赔偿

福建省福州市一市民购买商品房，开发商"一房两卖"导致无法交房，该市民遂将其告上法院。最后，福州市中级人民法院作出终审判决，该房地产有限公司退还购房款27万元，并赔偿损失27万元。

2004年4月间，该房地产有限公司与某工程有限公司签订合同，约定房产公司将某酒店部分装饰装修工程承包给工程公司施工。随后，双方又订立购房协议，约定工程公司向房产公司购买两单元房屋，并在工程量达到购房款时，由房产公司于7日内将房产登记给工程公司并负责办理相关手续。2004年6月间，工程公司出具证明，确认将其中一单元房屋产权登记为×××。2004年7月间，房产公司向×××出具一份收取27万元购房款收据。此后，×××多次要求房产公司交房，房产公司拒绝交房。而且该单元房产已登记在他人名下。2007年6月×××将房产公司告上法院，要求该公司退还已付购房款，并按购房款的一倍赔偿损失。

经一审二审，福州中院最终认为，房产公司将已出售的商品房另售他人，已构成欺诈。据此，该院判决，房产公司退还×××购房款27万元，并赔偿损失27万元。

点评：福州中院认为，在目前的商品房买卖市场，作为卖方的房地产开发企业，利用其所处的优势地位，运用各种手段欺诈购房者的不法行为时有发生，直接损害了消费者合法权益。因此，《最高人民法院关于审理商品房买卖合同纠纷案件适用法律若干问题的解释》通过采用惩罚性赔偿的方式来规范商品房买卖合同。如此高额的惩罚金在实践中并不多见。

有些人认为这样的判例，是一种运用法律来劫富济贫的义举，不应提倡。其实不然，在以诚信为基石的现代市场经济中，原本不应以法律之严苛去干预契约的自由，但凡触及法律底线或违反公平正义，那法律也绝不会袖手旁观，法律不会分辨贫富高低，法律永远站在正义与良知这边。

【案例3】“一房两卖”开发商双倍赔偿

某大厦开发商将一处商品门面房卖给一家公司之后，又出售给另一个单位使用。东城法院近日一审判决开发商的行为构成违法，判令解除双方签订的《购房协议书》，双倍赔偿原告已付购房款近1100万元，并赔偿原告利息损失33万元。

2004年，某技术公司与开发商房地产公司签订了《购房协议书》，购买位于大厦一层东北角的商业门面房一套，门面房建筑面积230m²，当时销售单价为每平方米2.5万元。协议约定，技术公司一次性付款，当日交付房款的95%即546.25万元，其余的于入住后交纳。

到了2005年5月，大厦已投入使用，但一层东北角商业门面房却迟迟未能交付。技术公司找到开发商，对方答复说房子不归技术公司了，而且所收房款不退。原来，《购房协议书》中有这样一条规定：技术公司须在签订协议书7日内，即2004年5月21日前与开发商签订《商品房买卖合同》，如技术公司在上述期限内未与开发商签订正式的购房合同，开发商有权出售房屋，所收房款不予退还。由于技术公司一直未与开发商签订正式合同，开发商认为他们有权另行出售且所收房款不退。

此后，开发商于2006年8月将此门面房出售给一家银行作为营业厅。技术公司认为对方“一房两卖”构成商业欺诈，2007年5月，技术公司一纸诉状将房地产公司起诉到东城法院，要求解除《购房协议书》，开发商返还购房款以及承担已付房款一倍的赔偿责任。

庭审中，开发商辩解说，根据协议，双方应在签订《购房协议书》的7日内再签订《商品买卖合同》，否则被告有权另行出售房屋，所收房款不予返还。原告至今未与被告签订买卖合同，因此违反协议规定，应承担相应的法律后果。《购房协议书》并未明确约定原告购买房屋的具体位置，原告所称的门面房从未得到他们的认可。原告所支付的购房款为定金，原告存在违反《购房协议书》的行为，无权要求返还该款。

对此，法院经审理认为，双方之间签订的协议书合法有效。被告虽提出，根据协议约定，双方应在7日内再签订《商品买卖合同》，否则被告有权另行出售房屋，所收房款不予返还，但由被告工作人员填写的协议书又将7日内的最后日期明确为《购房协议书》签约当日，即2004年5月21日，这导致合同内容互相矛盾。对此，开发商解释为笔误，但未能举证。此外，在庭审中，被告也认可原告在付款7日内要求签订合同，但因被告未同意，导致合同未能签订。针对所购房屋具体位置未能达成一致意见的问题，法院认为，被告工作人员已在《购房协议书》中的空白处用钢笔明确填写了具体面积位置见附图和估算的房屋面积等内容，足以说明双方对此已有明确约定。在原告无法提供该附图时，被告有义务提供，但其未向法庭提供。另外，根据交易习惯，买卖双方应在明确了交易的具体内容后，买方才会于签约当日支付绝大部分购房款。据此，法院认定双方买卖房屋的具体位置应为原告主张的房屋。而被告在双方发生争议后仍将该位置的房屋出售他人，导致合同不能实现，被告应对其行为承担相应的民事责任。

传统民法中合同赔偿责任只在于填补损失而不在于惩罚，我国《消费者权益保护法》第四十九条确立的双倍赔偿开创了我国惩罚性赔偿责任制度的立法先河。但是，对于商品房买卖合同纠纷案件能否适用惩罚性赔偿责任，一直都有争议，主要原因商品房买卖合同金额巨大，判决双倍赔偿会导致利害关系失衡。

2003 年 4 月，最高人民法院出台《关于审理商品房买卖合同纠纷案件适用法律若干问题的解释》，将“惩罚性赔偿原则”引入到商品房买卖合同纠纷的处理中来。规定对出卖人严重违反诚实信用原则、损害买受人利益的恶意违约、欺诈等行为，可以适用惩罚性赔偿原则。

解释规定了可以适用惩罚性赔偿责任的五种情形，一是商品房买卖合同订立后，出卖人未告知买受人又将该商品房屋抵押给第三人；二是商品房买卖合同订立后，出卖人又将该房屋出卖给第三人；三是订立合同时，出卖人故意隐瞒没有取得商品房预售许可证明；四是在订立合同时，出卖人故意隐瞒所售房屋已经抵押的事实；五是订立合同时，出卖人故意隐瞒所售房屋已经出卖给第三人或者为拆迁补偿安置房屋的事实。

【案例 4】消费者购买假药获双倍赔偿

2005 年 3 月 26 日，张老爷子在药店购买了 20 盒内蒙古某公司生产的“×××糖济可胶囊”，支付价款 1560 元。药品外包装上写有“降糖、稳糖、抑制并发症”，同时该药店还向张老爷子提供了糖尿病健康知识手册。同年 4 月 4 日张老爷子在这个药店又购买了上述药品 50 盒，支付价款 3900 元。

2005 年 9 月 19 日，北京市工商局丰台分局以该药店违反了《印刷品广告管理办法》第十七条规定为由，出具京工商丰处字［2005］第 2054 号行政处罚决定书，决定书认定：2005 年 2 月“×××糖济可胶囊”保健食品促销人员，在药店散发对其保健食品使用了宣传疗效、医疗术语、易与药品混淆用语等禁止内容的印刷品广告。作为场所管理者的药店，未采取措施拒绝“×××糖济可胶囊”厂家促销人员对散发内容违法的印刷品广告。根据该决定，北京市工商局丰台分局对该药店作出责令停止违法行为，罚款 2000 元的处罚。

2005 年 11 月 27 日，卫生部以卫监督发【2005】469 号文件发出关于立即查处违法添加药物的“糖济可胶囊”等 14 种保健食品的通知。通知中写到：根据 2005 年食品专项整治工作安排，我部组织卫生监督中心和有关省份对调节血糖类保健食品添加化学药品情况进行专项监督检查，发现“糖济可胶囊”等 14 种产品对消费者身体健康构成严重危害，违反《食品卫生法》和《保健食品管理办法》的规定。

张老爷子认为，药店的行为属于欺诈消费者，故起诉到法院要求药店退还药款5460元，赔偿5460元；责令药店立即停止虚假宣传，停止销售假药"×××糖济可胶囊"；赔礼道歉、保证不再欺诈原告；赔偿原告耽误一年时间的损失。

开庭时，被告药店答辩认为，原告提供的证据不能证明该药品是假药。原告已经不是"消费者权益保护法"规定的合格的消费者了，他并不是第一次购买糖济可，而且已经通过在其他法院的诉讼获得赔偿。本次购买糖济可的行为是想通过诉讼的程序，达到讹诈的目的，纯属恶意诉讼。故不同意原告的诉讼请求。

法院查明，在另案中，其他法院已就该种药品给张老爷子造成的损失判决该案被告赔偿给张老爷子一年零四个月（2004年9月至2005年12月）的损失35685元。

法院审理认为，原告在药店购买"×××糖济可胶囊"，双方已形成买卖合同关系。原告出具的京工商丰处字［2005］第2054号行政处罚决定书，证明了该药品的宣传内容违法，对于消费者存在欺诈行为，故原告要求药店退还购药款5460元、赔偿5460元的诉讼请求，法院予以支持。原告要求赔偿解决纠纷耽误的一年时间损失，但其2005年12月前的损失已在其他法院判决中赔偿，故丰台法院认定其耽误时间为3个月，该损失按2004年北京市职工年平均工资计算。原告要求停止虚假宣传、停止销售"×××糖济可胶囊"的请求，已由有关部门进行了处理。

据此，法院判决被告药店退还原告购药款5460元，赔偿5460元；并赔偿原告张某耽误时间的损失7087元。

三、农民朋友需要知道的行政责任

1. 经营者应承担行政责任的情形

《中华人民共和国消费者权益保护法》第五十条：经营者有下列情形之一，《中华人民共和国产品质量法》和其他有关法律、法规对处罚机关和处罚方式有规定的，依照法律、法规的规定执行；法律、法规未作规定的，由工商行政管理部门责令改正，可以根据情节单处或者并处警告、没收违法所得、处以违法所得一倍以上五倍以下的罚款，没有违法所得的处以一万元以下的罚款；情节严重的，责令停业整顿、吊销营业执照：

（一）生产、销售的商品不符合保障人身、财产安全要求的；

（二）在商品中掺杂、掺假，以假充真，以次充好，或者以不合格商品冒充合格商品的；

（三）生产国家明令淘汰的商品或者销售失效、变质的商品的；

（四）伪造商品的产地，伪造或者冒用他人的厂名、厂址，伪造或者冒用认证标志、名优标志等质量标志的；

（五）销售的商品应当检验、检疫而未检验、检疫或者伪造检验、检疫结果的；

（六）对商品或者服务作引人误解的虚假宣传的；

（七）对消费者提出的修理、重作、更换、退货、补足商品数量、退还货款和服务费用或者赔偿损失的要求，故意拖延或者无理拒绝的；

（八）侵害消费者人格尊严或者侵犯消费者人身自由的；

（九）法律、法规规定的对损害消费者权益应当予以处罚的其他情形。

2. 对经营者行政处罚机关和处罚方式

（1）处罚依据。对《消费者权益保护法》第五十条列举的上述九种情形，若相关法律、法规（如产品质量法、食品卫生法、广告法、价格法等）对处罚机关和处罚方式有规定的，应依照其规定执行；若法律、法规没有规定的，由工商行政管理部门进行处罚。

（2）处罚方式。对上述九种违法情形的处罚方式有：责令改正，警告，没收违法所得，罚款；还可对情节严重者责令停业整顿，吊销营业执照。

（3）行政复议。消费者权益保护法为防止行政机关滥用权力作出对经营者不公的处罚，规定了经营者的申请行政复议权，即经营者对行政处罚不服的，可自收到处罚决定之日起15日内向上一级机关申请复议，对复议决定仍不服的，可以向人民法院提起诉讼。

四、农民朋友需要了解经营者的刑事责任

1. 经营者承担刑事责任的形式

经营者的刑事责任，是指经营者在消费领域触犯刑律构成犯罪所应承担的法律责任。刑事责任只能对已构成犯罪的经营者适用，对虽有一般违法行为但尚不构成犯罪的

经营者，不能适用刑事责任。与其他责任形式相比，刑事责任是最严厉的，它严厉到可以终身剥夺犯罪者的人身自由，甚至直接剥夺犯罪者的生命。

根据我国《刑法》第三章的规定，我国的刑事责任方式即刑罚，分为主刑和附加刑两类，主刑有管制、拘役、有期徒刑、无期徒刑和死刑五种；附加刑有罚金、剥夺政治权利和没收财。附加刑可以独立适用也可以与主刑合并适用；对于犯罪的外国人，可以独立适用或者附加适用驱逐出境。

【链接】

《刑法》第三章

第一节　刑罚的种类

第三十二条　刑罚分为主刑和附加刑。

第三十三条　主刑的种类如下：

（一）管制；

（二）拘役；

（三）有期徒刑；

（四）无期徒刑；

（五）死刑。

第三十四条　附加刑的种类如下：

（一）罚金；

（二）剥夺政治权利；

（三）没收财产。

附加刑也可以独立适用。

第三十五条　对于犯罪的外国人，可以独立适用或者附加适用驱逐出境。

第三十六条 由于犯罪行为而使被害人遭受经济损失的，对犯罪分子除依法给予刑事处罚外，并应根据情况判处赔偿经济损失。

承担民事赔偿责任的犯罪分子，同时被判处罚金，其财产不足以全部支付的，或者被判处没收财产的，应当先承担对被害人的民事赔偿责任。

第三十七条 对于犯罪情节轻微不需要判处刑罚的，可以免予刑事处罚，但是可以根据案件的不同情况，予以训诫或者责令具结悔过、赔礼道歉、赔偿损失，或者由主管部门予以行政处罚或者行政处分。

第二节 管制

第三十八条 管制的期限，为三个月以上二年以下。

被判处管制的犯罪分子，由公安机关执行。

第三十九条 被判处管制的犯罪分子，在执行期间，应当遵守下列规定：

（一）遵守法律、行政法规，服从监督；

（二）未经执行机关批准，不得行使言论、出版、集会、结社、游行、示威自由的权利；

（三）按照执行机关规定报告自己的活动情况；

（四）遵守执行机关关于会客的规定；

（五）离开所居住的市、县或者迁居，应当报经执行机关批准。

对于被判处管制的犯罪分子，在劳动中应当同工同酬。

第四十条　被判处管制的犯罪分子，管制期满，执行机关应即向本人和其所在单位或者居住地的群众宣布解除管制。

第四十一条　管制的刑期，从判决执行之日起计算；判决执行以前先行羁押的，羁押一日折抵刑期二日。

第三节　拘役

第四十二条　拘役的期限，为一个月以上六个月以下。

第四十三条　被判处拘役的犯罪分子，由公安机关就近执行。

在执行期间，被判处拘役的犯罪分子每月可以回家一天至两天；参加劳动的，可以酌量发给报酬。

第四十四条　拘役的刑期，从判决执行之日起计算；判决执行以前先行羁押的，羁押一日折抵刑期一日。

第四节　有期徒刑、无期徒刑

第四十五条　有期徒刑的期限，除本法第五十条、第六十九条规定外，为六个月以上十五年以下。

第四十六条　被判处有期徒刑、无期徒刑的犯罪分子，在监狱或者其他执行场所执行；凡有劳动能力的，都应当参加劳动，接受教育和改造。

第四十七条　有期徒刑的刑期，从判决执行之日起计算；判决执行以前先行羁押的，羁押一日折抵刑期一日。

第五节　死刑

第四十八条　死刑只适用于罪行极其严重的犯罪分

子。对于应当判处死刑的犯罪分子，如果不是必须立即执行的，可以判处死刑同时宣告缓期二年执行。

死刑除依法由最高人民法院判决的以外，都应当报请最高人民法院核准。死刑缓期执行的，可以由高级人民法院判决或者核准。

第四十九条　犯罪的时候不满十八周岁的人和审判的时候怀孕的妇女，不适用死刑。

第五十条　判处死刑缓期执行的，在死刑缓期执行期间，如果没有故意犯罪，二年期满以后，减为无期徒刑；如果确有重大立功表现，二年期满以后，减为十五年以上二十年以下有期徒刑；如果故意犯罪，查证属实的，由最高人民法院核准，执行死刑。

第五十一条　死刑缓期执行的期间，从判决确定之日起计算。死刑缓期执行减为有期徒刑的刑期，从死刑缓期执行期满之日起计算。

第六节　罚金

第五十二条　判处罚金，应当根据犯罪情节决定罚金数额。

第五十三条　罚金在判决指定的期限内一次或者分期缴纳。期满不缴纳的，强制缴纳。对于不能全部缴纳罚金的，人民法院在任何时候发现被执行人有可以执行的财产，应当随时追缴。如果由于遭遇不能抗拒的灾祸缴纳确实有困难的，可以酌情减少或者免除。

第七节　剥夺政治权利

第五十四条　剥夺政治权利是剥夺下列权利：

（一）选举权和被选举权；

（二）言论、出版、集会、结社、游行、示威自由的权利；

（三）担任国家机关职务的权利；

（四）担任国有公司、企业、事业单位和人民团体领导职务的权利。

第五十五条　剥夺政治权利的期限，除本法第五十七条规定外，为一年以上五年以下。

判处管制附加剥夺政治权利的，剥夺政治权利的期限与管制的期限相等，同时执行。

第五十六条　对于危害国家安全的犯罪分子应当附加剥夺政治权利；对于故意杀人、强奸、放火、爆炸、投毒、抢劫等严重破坏社会秩序的犯罪分子，可以附加剥夺政治权利。

独立适用剥夺政治权利的，依照本法分则的规定。

第五十七条　对于被判处死刑、无期徒刑的犯罪分子，应当剥夺政治权利终身。

在死刑缓期执行减为有期徒刑或者无期徒刑减为有期徒刑的时候，应当把附加剥夺政治权利的期限改为三年以上十年以下。

第五十八条　附加剥夺政治权利的刑期，从徒刑、拘役执行完毕之日或者从假释之日起计算；剥夺政治权利的效力当然施用于主刑执行期间。

被剥夺政治权利的犯罪分子，在执行期间，应当遵守法律、行政法规和国务院公安部门有关监督管理的规定，服从监督；不得行使本法第五十四条规定的各项权利。

第八节　没收财产

第五十九条　没收财产是没收犯罪分子个人所有财产的一部或者全部。没收全部财产的，应当对犯罪分子个人及其扶养的家属保留必需的生活费用。

在判处没收财产的时候，不得没收属于犯罪分子家属所有或者应有的财产。

第六十条　没收财产以前犯罪分子所负的正当债务，需要以没收的财产偿还的，经债权人请求，应当偿还。

2. 经营者应承担刑事责任的情形

关于经营者在什么情况下应承担刑事责任，《消费者权益保护法》未作系统规定，仅在一些条文里有所提及。包括经营者提供商品或服务，造成消费者人身伤害或者，构成犯罪的和经营者以暴力、威胁等方法阻碍有关行政部门工作人员执法，构成犯罪的两类情形。具体追究经营者的刑事责任应依照《刑法》的规定进行，主要集中在《刑法》第三章第一节生产、销售伪劣商品罪当中。

五、农民朋友需要了解国家机关工作人员的法律责任

《中华人民共和国消费者权益保护法》第五十三条：国家机关工作人员玩忽职守或者包庇经营者侵害消费者合法权益的行为的，由其所在单位或者上级机关给予行政处分；情节严重，构成犯罪的，依法追究刑事责任。

1. 国家机关工作人员玩忽职守的法律责任

所谓玩忽职守，是指国家机关工作人员不负责任，不履行或者不正确履行职责，致使公共财产、国家和人民利益遭受损失的行为。应当看到，绝大多数的国家机关工作人员在维护消费者权益，打击不法经营者方面，是尽职尽责的，作出了自己的贡献。但同样不可否认的是，也有一些国家机关工作人员对保护消费者权益工作不负责任，马虎了事，甚至因玩忽职守而使消费者遭受严重损失。对这些不负责任的国家机关工作人员有必要给予相应的制裁。为此，我国《消费者权益保护法》第五十三条规定："国家机关工作人员玩忽职守……由其所在单位或者上级机关给予行政处分；情节严重，构成犯罪的，依法追究刑事责任。"根据这一规定，国家机关工作人员玩忽职守的法律责任有如下两种情况：

（1）行政责任。国家机关工作人员有玩忽职守的行为，但如果情节一般，未造成重大损失的，应当由其所在单位或者上级机关给予行政处分。根据国家公务员管理的有关规定，行政处分的种类有警告、记过、记大过、降级、降职、撤职、开除留用察看、开除等八种。在这里，应注意把行政处分与行政处罚区分开来，二者的在法律性质、适用对象、责任方式、补救措施方面都是不一样的。

（2）刑事责任。国家机关工作人员如果严重不负责任，玩忽职守，致使公共财产、国家或人民利益遭受重大损失，即构成玩忽职守罪，依法应承担刑事责任。对此，我国《刑法》第三百九十七条规定："国家机关工作人员滥用职权或者玩忽职守，致使公共财产、国家和人民利益遭受重大损失的，处3年以下有期徒刑或者拘役；情节特别严重的，处3年以上7年以下有期徒刑。本法另有规定的，依照规定。”

2. 国家机关工作人员包庇经营者的法律责任

所谓包庇，是指明知是违法犯罪者，而予以庇护使其逃避法律制裁的行为。我国《消费者权益保护法》第五十三条规定：“国家机关工作人员……或者包庇经营者侵害消费者合法权益的行为的，由其所在单位或者上级机关给予行政处分；情节严重，构成犯罪的，依法追究刑事责任。”根据这一规定，国家机关工作人员有包庇经营者侵害消费者合法权益的行为的，其法律责任也有下述两种情况：

一是行政责任。国家机关工作人员有包庇经营者侵害消费者合法权益的行为，但如果情节一般，未造成严重后果的，可由其所在单位或者上级机关给予行政处分。关于行政处分的承担方式，前文已述，这里不再重复。

二是刑事责任。国家机关工作人员明知经营者侵害消费者合法权益的行为已构成犯罪，仍然予以包庇使其免受刑事制裁，情节严重的，即构成犯罪，依法应承担刑事责任。具体而言，行政执法人员徇私舞弊，包庇经营者，构成犯罪的，为徇私舞弊罪。关于徇私舞弊罪的刑事责任，我国《刑法》第四百零二条规定：“行政执法人员徇私舞弊，对依法应当移交司法机关追究刑事责任的不移交，情节严重的，处3年以下有期徒刑或者拘役；造成严重后果的，处3年以上7年以下有期徒刑。”司法工作人员利用职务便利，徇私舞弊，对明知经营者已构成犯罪而故意包庇不使其受刑事追诉，因而构成犯罪的，为徇私枉法罪。

关于徇私枉法罪的刑事责任，我国《刑法》第三百九十九条规定：“司法工作人员徇私枉法、徇情枉法，对明知是无罪的人而使他受追诉、对明知是有罪的人而故意包庇不使他受追诉，或者在刑事审判活动中故意违背事实和法律作枉法裁判的，处5年以下有期徒刑或者拘役；情节严重的，处5年以上10年以下有期徒刑；情节特别严重的，处10年以上有期徒刑。”